자녀교육에 왕도가 있다

자녀교육에 왕도가 있다
王道

홍민기 지음

규장

프롤로그

주님을 만나게 하는 부모입니까?

　　최근 들어 저는 '6월의 일기' 라는 영화를 보았는데, 한 고등학생이 왕따로 고통을 당하다가 자살한다는 내용의 영화입니다. 그 영화를 보면서 제 마음을 무겁게 짓눌렀던 것은 우리 아이들이 친구에게 죄를 짓고도 그것이 죄인지 모른다는 사실이었습니다. "나는 별로 잘못하지 않았고 다른 아이들이 먼저 그랬다"라는 영화 대사 속에서는 어떤 책임의식도 찾아볼 수 없었습니다.

　　자살한 아들이 받았던 고통을 깨닫고 절규하는 어머니의 모습이 클로즈업되었던 장면은 이 영화에서 가장 슬픈 장면이라고 할 수 있습니다. 그런데 극장에서 함께 영화를 본 청소년들은 그때 일그러지는 배우의 얼굴을 보며 크게 웃었습니다. 울어야 할 때에 웃는 아이들, 범죄를 대수롭지 않게 여기는 아이들의 모습을 보며 저는 너무 놀랐습니다. 청소년들을 사랑하고 좋아하는 사역자로서 저는 그날 하루 종일 마음이 무거웠습니다.

우리는 아이들을 키우기 어려운 시대에 부모 역할을 하고 있습니다. 절대 가치와 진리가 왜곡되는 이 시대에 아이들은 인터넷을 통해 온갖 정보에 빠르게 접속하고 있습니다. 이런 시대일수록 하나님의 사람들은 골리앗을 넘어뜨린 다윗과 같은 모습으로 바로 서야 합니다. 그러나 가정의 붕괴와 잘못된 교육관과 가치관으로 우리의 아이들은 아파하고 있습니다.

"무엇을 어떻게 해야 우리 자녀들을 잘 키울 수 있을까?"

이것이 모든 부모의 공통된 의문입니다. 하지만 모든 부모가 자녀를 사랑하는 것만큼 그 사랑을 올바로 표현하고 있지 못합니다. 자녀를 진정으로 위하는 것이 무엇인지 그리고 자녀를 어떻게 키워야 하나님께서 원하시는 방법으로 키우는 것인지에 대한 깊이 있는 고민보다 어떻게 하면 내 자녀를 일류 대학에 입학시킬 수 있는가에만 혈안이 되어 있는 것이 우리의 모습입니다.

사탄은 가정을 집중 공격합니다. 가정이 무너지면 교회도 사회도 무너집니다. 부모가 자녀에게 그리고 자녀가 부모에게 마땅히 갖추어야 할 존중이나 존경이 다 무너진 우리의 가정을 보면서 저는 하나님의 놀라운 은혜만이 21세기의 가정과 자녀교육을 건강하게 책임질 수 있으리라 믿습니다. 자녀의 학원 등록을 위해 밤새 대신 줄을 서는 부모를 보며 아이들을 위하는 그들의 마음을 엿볼 수 있지만 '과연 그것이 올바른 교육일까?' 하는 깊은 상념에 빠지게 됩니다.

부모보다 자녀를 더 사랑하는 사람은 없습니다. 그러나 그 사랑이 자녀를 이 세상사람으로 더욱 높이 추켜세우고 있는 것은 아닙니까? 마지막 시대를 사는 하나님의 사람으로서 내 자녀를 하나님의 사람으로 키우는 일에 얼마나 많은 시간과 에너지를 투자하십니까?

예수 믿는 사람다운 자녀교육

신앙보다 성적이 훨씬 더 중요한 부모를 보며 어떻게 하면 가정의 우선순위가 하나님으로 변화될 수 있을지 고심하며 기도합니다. 자녀는 우리 마음대로 안 됩니다. 우리에게는 한계가 있습니다. 세상의 방법으로는 안 됩니다. 하나님만이 우리 아이들을 이 세상에서 우뚝 세워주실 수 있습니다. 세상적인 교육법과 가치관을 버리면 그제야 하나님이 보일 것입니다. 묵묵히 우리를 기다려주신 그 하나님께서 우리를 만나주실 것입니다. 자녀가 부모에게 꼭 배워야 하는 모습은 바로 하나님을 만나는 모습입니다.

이 책을 쓰며 하나님의 강한 음성을 듣습니다. 하나님께서는 예수 믿는 사람다운 자녀교육을 원하십니다. 아무것도 믿지 마십시오. 어느 학원 선생에 대해 침을 튀기며 말하는 옆집 엄마의 말도 믿지 마십시오. 지금 우리의 자녀는 예수님을 만나야 합니다. 주님을 만나게 하는 부모가 되는 것, 그것이 우리의 사명입니다. 이 땅의 사람들이 아무리 어리석다고 해도 말씀대로 가르치십시오. 하나님은 말씀대로 자란 그 아이를 통해 세상을 변화시키십니다. 말씀대로 양육하고 훈계하여 하나님의 사람들이 이 땅에 뿌리내리도록 하는 것이 바로 부흥입니다. 그 부흥의 역사가 각 가정마다 일어나기를 소원합니다.

항상 다음 세대의 영적 부흥을 꿈꾸며 저와 함께하는 브리지임팩트(Bridge Impact) 사역원 식구들에게 감사와 사랑을 전합니다. 함께 사역하는 주님의교회 교역자들과 특별히 다음 세대를 함께 섬기고 있는 주일학교 교사들에게 감사의 마음을 전합니다. 마지막으로 항상 기도해주시는 아버지, 어머니와 처가 어른들 그리고 사랑하는 아내와 석진, 석영이에게 감사와 사랑을 전합니다.

홍민기

차례

프롤로그

1부 자녀교육, 세상방법을 절대 따라하지 말라

크리스천 부모는 자녀교육 방식이 세상의 방식과는 다르다.
성적지상주의를 버리고 자녀를 하나님의 사람으로 바로 세우기 위해 진력한다.

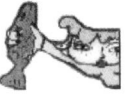

1장 세상사람과는 다르게 양육하라 _ 12
2장 일등만을 꿈꾸는 부모를 경계한다 _ 25
3장 과보호는 자녀를 망하게 하는 지름길이다 _ 41
4장 공부 달란트만이 달란트는 아니다 _ 65

2부 부모가 변하든지 자녀를 망치든지
둘 중에 하나를 선택하라

부모가 변해야 자녀가 변한다.
진정 말씀으로 변화된 부모만이 자녀를 감동시킬 수 있다.

5장 부모가 먼저 하나님의 사람으로 솔선수범하라 _ 78
6장 언행이 일치하는 부모가 되라 _ 105
7장 오직 크리스천 부모답게 훈계하라 _ 124

3부 내 자녀, 하나님의 방식대로 키운다

'공부하라'는 잔소리로 자녀는 변화되지 않는다.
가정예배와 부모의 축복기도만이 자녀를 살린다.

8장 가정예배가 자녀를 변화시킨다 _ 144
9장 부모의 축복기도가 자녀를 살린다 _ 159

4부 말씀과 기도로 하나님의 사람으로 세운다

자녀문제 때문에 염려와 걱정으로 세월을 허송하지 말라.
부모의 말씀교육과 눈물기도가 자녀를 하나님의 사람으로 온전케 만든다.

10장 내 자식만이 아니라 남의 자식도 챙기는 신앙의 부모가 되라 _ 176
11장 자식의 미래는 부모의 기도에 달려 있다 _ 193

자녀교육,
세상방법을

절대
따라하지
말라

하나님의 사람으로 온전하게 되도록 교육한다는 것이 무엇입니까?
하나님의 사람은 세상사람들과 달라야 합니다. 하나님의 사람은 수능시험을 보는 자세도 달라야 합니다.
하나님의 사람은 이 땅에서 겪는 시험과 어려움을 이 세상사람들과 똑같이 바라보아서는 안 됩니다.
다르게 바라보는 사람으로 만드는 교육이 바로 하나님의 사람을 만드는 교육의 출발입니다.

PART 1

1장 세상사람과는 다르게 양육하라

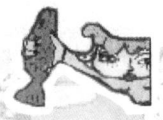

오늘도 이 땅에서는 우리의 자녀들이 '하나님의 사람'으로 자라는 것이 아니라 '세상의 사람'으로 크는 일들이 벌어지고 있습니다. 그러나 우리는 우리 자녀를 성경적으로 키우는 일에 목숨을 걸어야 합니다.

부모 자식 사이의 난기류

저는 청소년을 상대로 하는 전문 목회자로서 우리의 가정이 새롭게 되고, 우리의 부모와 자녀가 새로워지기를 바라며 기도하고 있습니다. 그러기 위해 다음 세대가 준비될 뿐만 아니라 머지않은 시간에 크나큰 영적 부흥이 일어나기를 소망합니다. 우리의 가정에서 조부모는 손주를 위한 축복의 통로가 되고, 부모가 자녀를 위한 축복의 통로가 되는 역사가 일어날 때 우리의 아이들도 조부모와 부모를 공경하는 청소년으로 자라나리라 믿습니다.

저는 미국으로 이민을 가서 공부하다가 한국으로 다시 돌아와 청소년과 가정을 위한 '브리지 임팩트' 사역을 다년간 지속해오고 있습니다. 특별히 미국에서는 청소년 갱들을 대상으로 사역하기도했습니다. 그만큼 언제나 제 관심과 열정은 청소년들을 향해 있었습니다. 청소년들이 교회 안팎에서 균형 잡힌 신앙인으로 성장하도록 돕는 것이 제 사역의 비전입니다. 교회를 중심으로 10년 이상 청소년 사역을 해온 저는 경험상 이런 결론을 내리게 되었습니다.

"문제 있는 청소년이 변화되기는 의외로 쉽다. 그러나 정작 그 부모가 변화되기란 매우 어렵다."

그만큼 부모가 변화된다는 것은 멀고도 험난한 일입니다. 부모의 변화는 그야말로 하나님이 주신 큰 은혜입니다. 사실 어른들은 며칠 동안 집중적으로 부흥회에 참석하더라도 변화되기가 어렵습니다. 그러나 청소년들은 단 3일간의 집회를 통해서도 90퍼센트 이상 변화될 가능성이 있습니다. 이것은 제가 10년 동안 청소년과 부모를 대상으로 하는 집회를 통해 얻은 통계이자 결과입니다. 결국 제가 깨달은 것은 부모의 변화로부터 시작되는 가족의 변화, 가정의 변화가 얼마나 중요한가 하는 점이었습니다.

저는 청소년뿐만 아니라 장년을 대상으로 하는 집회도 많이 인도해보았습니다. 그래서 특별히 가정을 위한 부흥집회를 인도할 때 대개 이런 현상이 벌어진다는 것을 잘 알고 있습니다. 집회를 인도하는 기간이나 예배 때는 모두 예의 주시하여 말씀을 잘 듣는 것 같습니다. 하지만 집에 돌아가면 전부 잊어버립니다. 더욱이 그 말씀을 자신에게 주시는 하나님의 말씀으로 받지 않고 남편 또는 아내가 들어야 하는 말 혹은 다른 부모가 들어야 할 말이라고 착각합니다.

"당신, 아까 그 이야기 들었지요? 당신 이야기잖아요!"

이러면서 자기들끼리 싸우다가 곧바로 다 잊어버립니다. 그리고 다시 부모 마음대로 자녀를 대하면서 진정한 하나님의 뜻이 무엇인지 모르는 채 실수하면서 살아가는 것입니다. 그러나 변화의 역사는 부모로부터 일어나야 합니다. 즉, 부모의 변화가 관건입니다.

이 시대에 좋은 부모가 되는 일은 결코 쉽지 않습니다. 그러나 좋은 부모가 되고 싶지 않다는 사람은 아마 한 명도 없을 것입니다. 자식을 위하는 일이라면 목숨도 아깝지 않다는 부모는 많지만 문제가 있습니다. 내 목숨보다 더 귀하게 자식을 사랑하는데 정작 그렇게 사랑하고 귀하게 생각하는 자식과 부모 사이가 그다지 좋지 않다는 것입니다. 자식도 부모를 사랑합니다. 부모가 자식을 사랑하는 것만큼 부모를 사랑하지 못할지라도 자식 역시 부모를 사랑합니다. 이렇게 부모와 자식이 분명히 서로 사랑하는데도 관계가 원만하지 않다는 것이 아이러니할 뿐입니다. 말이 안 되는 일이지요. 그러면 그 이유는 무엇입니까?

학원 보강에 떠밀리는 예배?

우리나라가 전체적으로 '위기'라는 말이 여기저기서 흘러나오고 있습니다. 정치와 경제가 그렇고 사회도 혼란스럽기 그지없습니다. 그중에서 가장 큰 위기에 봉착한 것이 우리의 가정입니다. 저는 가정의 문제가 해결되면 결국 나라의 문제도 해결된다고 믿습니다. 왜 그럴까요? 이 땅이 변화되기 위한 가장 빠른 방법이 우리의 아이들이 변화되는 것이기 때문입니다. 아이들은 금세 자라납니다. 그러면 아이들이 성장하는 만큼 이 땅도 변화될 것입니다. 그렇게 아이들이 변화되려면 시급히 가정이 변화되어야 합니다.

그런데 우리 앞에는 우리의 자녀와 가정의 변화를 가로막는 많은 장벽이 있습니다. 따라서 이제부터라도 우리는 청소년 사역자와 부모 그리고 청소년이 모두 한마음이 되어 우리 앞에 놓인 장벽에 맞서서 이 세상과 싸움을 벌여 나가야 합니다. 그중에서도 요즘의 세태를 가장 잘 반영하는 것이 학원과의 싸움입니다. 입시 위주의 교육 정책과 공교육에 대한 불신 등으로 요즘 학원에서 한두 과목 정도 과외를 받는 것은 필수적인 일이 되고 있습니다. 심지어 학교 수업보다 학원 수업에 더 치중하고 지방에서 서울의 학원가로 학원 유학을 오는 사례까지 일반화되어 있습니다. 너도 나도 아이들을 학원으로 보냅니다. 그렇지 않으면 경쟁에서 뒤쳐진다고 생각하기 때문입니다.

하지만 저는 개인적으로 아이들이 하나님의 사람만 된다면 학원이니 과외니 하는 것이 상관없다고 믿는 사람입니다. 하나님의 사람만 된다면 공부는 좀 못해도 괜찮습니다. 내 자녀가 하나님의 사람이 되는 것이 이 땅에서 가장 중요한 일이라고 믿기 때문입니다.

그러나 아이들에게 제대로 된 신앙이 들어가면 '하나님의 영광을 위해 산다'는 인생의 목표가 확립되기 때문에 실상은 정신 차려서 공부하는 아이가 될 수밖에 없습니다. 따라서 아이에게는 공부가 근본이 아니라 신앙이 근본인 것입니다. 그런데 부모들이 이 사실을 간과하고 있습니다.

성경도 마찬가지입니다. 우리의 자녀가 하나님의 사람으로 온전케 되는 것이 가장 중요하다고 말씀합니다. 우리에게 성경을 주신 목적도 우리가 하나님의 사람으로 온전케 되도록 하기 위함이라고 말씀합니다.

"모든 성경은 하나님의 감동으로 된 것으로 교훈과 책망과 바르게 함과 의(義)로 교육하기에 유익하니 이는 하나님의 사람으로 온전케 하며 모든 선한 일을 행하기에 온전케 하려 함이니라"(딤후 3:16,17).

제가 믿는 하나님은 우리 아이들이, 내 자녀가 공부 좀 못하더라도 하나님께 나아와 예배드리는 일을 더 기뻐하며 모든 문제를 해결해주는 분이십니다. 주일마다 많은 교회의 주일학교 사역자들이 주일 오전에 학원에서 실시하는 보강에 간다며 예배에 빠지는 아이들을 보면서 가슴을 치고 있습니다. 우리 자녀들이 하나님의 사람이 되는 것은 긴요한 일입니다. 그러나 하나님의 사람이 되는 것과 학원에 가는 것은 상관이 없습니다. 진정으로 내 자녀가 하나님의 사람으로 온전케 되기 원하는 부모라면 아이들을 학원에 보내는 일에 목숨을 걸지 않을 것입니다.

어느 직분자의 자녀가 아버지에게 이렇게 말했습니다.

"제가 성적이 너무 떨어져서 주말반 학원에 나가려고 합니다. 그래서 주일에 교회에 못 가겠습니다."

그러면 직분자인 부모는 당연히 이렇게 말해야 옳습니다.

"안 된다. 우리 집안에서는 절대 그런 일을 용납할 수 없다. 우리는 하나님을 믿는 집안이다. 어쩌자고 네가 주일에 교회에 안 가고 학원에 간다고 하는 것이냐? 학교에서 꼴찌를 해도 좋다. 반드시 주일성수하도록 해라."

유감스럽지만 저는 이렇게 가르치는 어른을 아직까지 한 번도 만나보지 못했습니다. 우리의 현실은 대개 이렇습니다. 주일에 학원에 간다는 아이의 손을 붙잡고 칭찬부터 합니다.

"고맙다. 네가 드디어 정신을 차렸구나. 네가 학원에 다닌다고 하니 이제야 내 마음이 놓인다. 고등학교 때는 학원에 다니는 거야! 대학 가기 위해 교회 좀 쉬는 것은 하나님도 이해하셔."

우리는 이런 세상에서 살고 있습니다. 오늘도 이 땅에서는 우리의 자녀들이 '하나님의 사람'으로 자라는 것이 아니라 '세상의 사람'으로 크는 일들이 벌어지고 있습니다.

고3 우상숭배

우리 자녀를 성경적으로 키운다는 말을 어떻게 이해하고 계십니까? 우리는 이 말을 단순히 공감만 해서는 안 됩니다. 거기에 목숨을 걸어야 합니다. 교육은 고집을 부려야 하는 부분이 있습니다. 이쪽에서 뭐 한다고 기웃거리고 저쪽에서 뭐 한다고 기웃거리고 만날 과외 선생님만 바꾼다고 자녀의 성적이 올라갑니까? 그렇지 않습니다. 부모는 교육에 관한 한 분명한 원칙이 있어야 하고 소신도 있어야 합니다. 또 그 소신을 굽히지 않아야 합니다.

"나는 내 자녀를 말씀으로 교육한다. 내 사전에 자녀를 주일에 학원 보내는 일은 없다!"

이렇게 분명한 고집이 있어야 합니다.

저는 '고3 우상숭배'에 반대합니다. 저는 고3을 떠받들지 않습니다. 한국에서는 고3이 마치 무슨 벼슬인 것처럼 위세가 당당한데 그것은 절대 착각이라고 말해주고 싶습니다. 제가 미국에서 생활하다가 한국으로 돌아온 것은 2002년도입니다. 그리고 처음으로 여름수련회를 가려고 할 때의 일입니다. 고3 학생들이 저에게 와서 "목사님, 고3은 맨 마지막 날 가는 거 아시죠?"라고 말했습니다. 그래서 제가 "너희들이 무슨 스타냐? 왜 마지막 날 오느냐?"라고 물어보니까 고3 학생들은 공부하다가 마지막 날에만 참석하는 거라는 겁니다. 그 말을 듣고 저는 당장에 "그럼 오지 마라"라고 잘라 말했습니다.

"하나님이 준비하신 잔치에 너희들이 뭐라고 마지막에 오느냐? 그러려면 차라리 오지 마라!"

그랬더니 자기들끼리 의논하고는 수련회 첫날부터 참석하기로 했고 그렇게 온 고3 학생들이 모두 은혜를 받았습니다. 수련회를 마치고 돌아온 주일부터 저는 당장 그 고3들에게 제자훈련을 시키기 시작했습니다.

"고3이라고 주일에 예배만 드려서는 안 된다. 진정으로 하나님 앞에 제대로 서는 훈련을 해야 한다. 하나님의 사람이 되는 것이 수능시험보다 먼저다!"

그러자 그 학생들의 부모님들, 그러니까 권사님, 집사님들께서 뭐라고 하셨을 것 같습니까? "미국에서 훌륭한 목사님이 오셔서 우리 아이들을 제대로 제자훈련시키시는구나! 아, 저 목사님이 정말 귀하다!"라고 했을까요? 천만에 말씀입니다.

"어디서 한국 정서나 실정도 모르는 목사가 와서 우리 아이들을 전부 망쳐놓는다."

제 귀에 들려온 말은 대충 이런 내용이었습니다. 사실 저는 제자훈련시키면서 아이들을 망친다는 이야기는 한국에 와서 처음 들어보았습니다. 제자훈련시키시랴 사역하시랴 얼마나 수고가 많으시느냐는 말을 기대했던 저는 너무 놀랐습니다. 무엇보다 고3에게 시간이 어디 있다고 제자훈련을 시키느냐는 것을 문제 삼을 때는 정말이지 난감했습니다. 하지만 저는 그래도 계속했습니다. 그때 고3 40명 정도가 제자훈련을 받았습니다. 더욱이 그들은 큰 은혜를 받고 주일마다 제자훈련을 받으면서 기도하며 성장했습니다.

도살장으로 끌려가는 소?

그러다가 수능 시험일이 다가왔습니다. 대개 고3들은 1년 동안 가고 싶다는 대학교가 여러 차례 바뀝니다. 1,2월에 어느 대학을 목표로 공부하느냐고 하면 물어보나마나 서울대, 연대, 고대이지 다른 대학이 있느냐고 반문합니다. 하지만 시간이 조금만 더 흘러보십시오. 대부분 "서울에 있는 대학에 가겠습니다"라고 말합니다. 그러다가 시간이 더 흐르면 "수도권에 있는 대학에 가겠습니다"라고 대답합니다. 여름방학이 끝나고 나면 "저는 전국적으로 바라보고 있습니다"라고 너스레를 떠는 학생도 생깁니다. 그리고 수능이 한 달 앞으로 다가오면 뭐라고 그러는지 아십니까? "남들은 수능이 30일 남았다고 하지만 제게는 395일 남았습니다"라고 말합니다. 결국 재수를 선택했다는 말이지요. 이 정도로 오락가락하는 것이 고3 수험생들의 입장입니다.

그러나 제자훈련을 받은 고3들은 이렇게 왔다갔다 하지 않았습니다. 그간에 기도하며 수능 시험을 준비해왔기 때문입니다.

그런데 저는 수능 시험이 있던 날, 고3생들이 고사장으로 들어가는 모습을 보면서 큰 충격을 받았습니다. 그들은 마치 도살장으로 끌려가는 소처럼 어두운 표정으로 고사장 안으로 속속 사라졌습니다. 저는 그 모습을 보면서 너무 속이 상했습니다. 어쩌면 이것은 아이들에게 가하는 일종의 폭행이 아닐까 하는 생각마저 들었습니다. 그래서 기도했습니다. 예수 믿는 성도는 예수 믿지 않는 사람들과 어딘가 다르게 시험을 볼 수 있으면 좋겠다고 생각했습니다. 시험을 치르는 날이라고 해도 하나님 보시기에 아름답게 시험을 볼 수 있다고 생각했기 때문입니다. 그러자 아이디어가 하나 떠올랐습니다.

시험 보는 날이면 마치 미신처럼 못 먹게 하는 음식이 있다는 것을 아십니까? 이를테면 미역국이 그렇습니다. 미끄덩거리는 미역 때문에 미끄러질까봐 먹지 말라고 합니다. 김밥은 말린다고 못 먹고, 계란찜은 깨진다고 못 먹고, 바나나도 미끄러지니 먹지 말라고 합니다. 그래서 저는 그럼 우리는 시험보는 날 그런 음식을 즐겁게 먹는 운동을 하자고 했습니다. 그래서 미역국, 김밥, 계란찜, 바나나를 먹고 오고 점심으로 싸달라고 하라고 했습니다. 이 말을 전해 듣고 우리의 집사님과 권사님들께서 가만히 계실 리 없지요. 저에게 전화를 하셨습니다.

"목사님, 제가 미신을 믿는 건 아니지만 그래도 만의 하나 혹시라도 잘못되면 어떻게 합니까?"

그래서 제가 터프하게 말씀드렸습니다.

"그 일로 잘못된다면 제가 목사를 하지 않겠습니다. 우리 하나님이 그 정도 하나님이시라면 제가 목사를 안 한다니까요!"

결국 우리 학생들은 고사장에 미역국을 싸가지고 갔습니다. 점심시간에 미역국을 꺼내놓으니까 옆에 있던 학생들이 꺅 놀라면서 "야! 너 왜 시험 잘 보다가 포기하느냐?"고 난리를 치더랍니다. 그럴 때 우리 학생들은 천연덕스럽게 미역국을 떠먹으며 이렇게 간증할 수 있게 되는 것입니다.

"우리 목사님이 그러시는데 미역국 먹고 재수 없으면 우리 목사님이 목사를 안 하신단다. 미역국 맛있다. 자, 먹자!"

하나님의 사람으로 온전하게 되도록 교육한다는 것이 무엇입니까? 바로 이렇게 작은 일 하나하나를 간증할 수 있는 믿음을 심어주는 것, 하나님의 사람은 세상사람들과 달라야 한다는 것을 믿는 것이라고 생각합니다. 하나님의 사람은 수능시험을 보는 자세도 달라야 합니다. 하나님의 사람은 이 땅에서 겪는 시험과 어려움을 이 세상사람들과 똑같이 바라보아서는 안 됩니다. 다르게 바라보는 사람으로 만드는 교육이 바로 하나님의 사람을 만드는 교육의 출발입니다.

열혈탱크 목사의 신본주의 자녀교육법 1

1. 부모의 변화 없이는 자녀의 변화도 없다.

문제 있는 청소년이 변화하기는 쉽다. 하지만 그 부모의 변화는 매우 어렵다. 부모가 변화된다는 것은 지난(至難)한 일이다. 부모의 의식이 이미 너무 굳어 있기 때문이다. 그러나 사람으로는 할 수 없지만 하나님이 은혜 주시면 가능한 일이다. 하나님의 은혜의 역사로 부모로부터 변화가 일어날 때에 자녀의 변화, 가정의 변화가 일어난다.

2. 자녀의 성적보다는 하나님의 사람으로 온전케 되는 일에 더 관심을 두라.

성경(딤후 3:16,17)은 우리의 자녀가 하나님의 사람으로 온전케 되는 일이 가장 중요하다고 말씀한다. 우리에게 성경을 주신 목적도 하나님의 사람으로 온전케 되도록 하기 위해서다. 따라서 우리 자녀가 하나님의 사람으로 온전히 서기만 한다면 공부 좀 못해도 괜찮다. 사실상 온전한 하나님의 사람으로 굳게 선다면 인생의 목표를 확실히 가져 하나님 앞과 사람 앞에 유익한 존재가 될 수밖에 없다.

3. 부모는 자녀교육에 관한 거룩한 고집이 있어야 한다.

자녀교육은 고집을 부려야 하는 측면이 있다. 여기 기웃거리고 저기 기웃거리지 말라. 부모는 자녀교육에 관한 한 분명한 원칙이 있어야 하고 소신도 있어야 한다. 또 그 소신을 굽히지 않아야 한다. 이런 거룩한 고집이 있어야 한다.

"내 자녀는 말씀으로 교육한다. 내 사전에 자녀를 주일에 학원 보내는 일은 없다."

2장 일등만을 꿈꾸는 부모를 경계한다

부모가 만들어놓은 일류대학 진학이라는 목표를 자녀에게 억지로 강요하는 것은 옳지 않습니다. 자녀 스스로가 하나님께서 자신을 통해서 이루기를 원하시는 것이 무엇인지를 발견하도록 지원하십시오.

부모의 가치관이 중요하다

서점에는 세상사람들이 자녀교육에 대한 여러 가지 비법을 담았다는 책들이 즐비합니다. 아이큐 100에서 160으로 올리는 방법, 이런 엄마가 되라, 저런 아빠가 되라, 이렇게 저렇게 키우라는 식의 방법론이 여기저기서 쏟아져 나오고 있습니다. 하지만 잊지 말아야 할 것이 있습니다. 우리 자녀들은 그런 공식에 적용하기만 하면 그대로 들어맞을 정도로 모두 다 똑같은 붕어빵이 아니라는 사실입니다. 하나님은 어마어마한 창조주이십니다. 전능하신 하나님은 한 사람 한 사람 모두 다 다르게 창조하셨습니다. 마치 혈액형처럼 A형, B형, C형, D형 분류별로 규격에 맞게 창조하신 것이 아니라 전부 다르게 창조하셨다는 말입니다.

따라서 어떤 아이에게 효과가 있다는 방법이 내 자녀에게도 그대로 들어맞으리라는 환상부터 버려야 합니다. 어떤 방법론이 통했다고 해서 그 방법을 모든 아이에게 두루 적용해서는 안 됩니다. 전 세계적으로 유태인의 자녀교육법은 정평이 나 있습니다. 오랫동안 각광받을 만큼 매우 유익한 방법이라고 생각합니다. 이 자녀교육법이 구약성경을 기반으로 한다는 것은 잘 알려진 사실입니다. 이 점에 비추어 보더라도 올바른 그리스도인을 양육하는 자녀교육법으로 가장 중요한 것은 단연 성경적으로 가르치는 것입니다.

저도 처음 자녀교육 세미나에 임할 때는 심리적으로 대화하는 방법 12가지, 눈과 눈을 바라보는 교육방법 8가지, 이런 식으로 강의했습니다. 그런데 집회를 위해 계속 기도하면서 느낀 것은 그런 방법론으로는 가정에 변화가 찾아오지 않는다는 것이었습니다. 가정의 변화는 하나님이 나와 내 가정의 기준이 되시고 주인이 되어주실 때, 나의 가정에 모든 것이 되어주실 때, 하나님을 통해서 이루어집니다. 이것만이 진정한 자녀교육의 왕도(王道)입니다. 이것 외에 다른 방법이 없습니다.

자녀교육에는 부모의 가치관이 중요합니다. 당신의 가치관은 무엇입니까? 누가 뭐래도 공부가 최고입니까? 공부 잘하는 것입니까? 당신의 아이가 공부 잘할 수 있습니다. 돈을 많이 버는 것입니까? 돈도 잘 벌 수 있습니다. 건강한 삶입니까? 건강해질 수 있습니다. 이렇게 우리 자녀는 부모의 가치관에 따라 그 지대한 영향력 아래서 성장합니다.

그러나 분명한 것은 그렇더라도 부모는 절대 하나님이 아니라는 것입니다. 살아 계신 하나님은 우리를 사랑하십니다. 그리고 지금도 일하고 계십니다. 그 하나님이 우리 한 사람 한 사람의 기준이자 가치관이 되지 않는 한 우리의 가정은 어떤 테크닉으로도 회생할 수 없습니다. 망할 수밖에 없습니다.

자녀교육 세미나를 방법론 위주로 진행해오면서 그 시기에 제가 내린 결론은 아이들을 변화시키려면 먼저 아이들과 관계부터 맺어야 한다는 것이었습니다. 그러나 방법론의 테크닉만으로는 아이들과 관계를 맺을 수 없었습니다. 결국 아이들을 변화시킬 수도 없습니다. 더욱이 부모와의 관계에 문제가 생긴 경우라면 금세 회복하거나 만회하기 어렵습니다. 사실상 아이를 변화시킬 수 있는 뾰족한 방법이 없다고 해도 과언이 아닙니다. 그런데도 많은 부모들은 여전히 세상의 방법론에 의지하려는 경향이 높습니다.

하버드 성지순례?

미주(美洲) 지역으로 이민 온 한인(韓人)들의 경우, 한인 사회 내에서 자녀를 하버드에 보낸 케이스가 있거나 그런 방법이 있다고 하면 눈에 불을 켭니다. 그런데 미국에 4년제 대학이 몇 개나 있는지 아십니까? 미국 전역에 4년제 대학이 무려 3천5백 개나 있습니다. 그렇지만 그중에서 한국 사람들이 아는 대학이란 고작해야 하버드, 프린스턴, 예일 이렇게 세 개뿐입니다.

더욱이 이 세상에 어느 민족도 고작해야 다섯 살이나 여섯 살 된 자녀를 데리고 하버드로 휴가를 오지는 않습니다. 한국사람이 유일합니다. 여름 휴가철에 하버드대학교 중앙 정원에 가보면 한국인 가족이 눈에 많이 띕니다. 다섯 살짜리의 손을 잡고 하버드대학을 거닐면서 "잘 봐둬라, 여기가 네가 올 학교다"라고 압력을 주니까 많은 이민 1.5세 아이들이 미치는 겁니다.

저는 미국에서 하버드대학에서 가까운 보스턴에서 대학을 다녔습니다. 그래서 한인들에게 하버드가 어떤 존재인지 직접 목격하는 일이 많았습니다. 한인들에게 하버드란 선망의 대상을 넘어서는 우상입니다. 이스라엘 여행이 모든 크리스천들에게 성지순례가 되어버린 것처럼, 어린 자녀를 데리고 하버드 교내를 걷는 것도 이제는 완전히 성지순례의 차원이 되어버릴 정도입니다.

"잘 봐둬라! 저기가 도서관이고, 저기가 강의실이고, 저기가 기숙사란다. 너도 앞으로 저기서 생활하게 될 거야. 너는 이 다음에 반드시 하버드에 들어가야 한다."

그때부터 그 아이에게 하버드대학이 얼마나 커다란 부담이 될는지 상상해보십시오. 그런데도 부모님은 한술 더 뜹니다. "우리가 미국까지 와서 이렇게 고생 고생하는 이유도 다 너 하나 하버드대학 보내려고 그러는 거다"라는 말로 자녀를 놀라게 만들기 일쑤입니다. 그런 말을 듣고 아이가 얼마나 기막혀 할지 전혀 고려하지 않습니다. 자녀는 이 말 자체를 이해하지 못하는데도 말입니다. 자기는 미국에서 태어났는데, 자기가 태어나지도 않았을 때 미국으로 건너온 부모님들이 미국으로 온 이유가 자기 때문이라는 말을 어떻게 이해할 수 있겠습니까? 지금 한국의 부모 가운데서도 어린 자녀를 서울대학에 데리고 가서 이런 부담을 주는 분들이 많은 것으로 알고 있습니다.

부모는 대개 그렇게 하는 것이 자녀에게 꿈을 심어주는 방법이라고 착각합니다만 그런 식으로는 자녀의 꿈을 키워줄 수 없습니다. 부모는 부모 나름대로 "아이들에게는 비전이 있어야 하고 그것이 일류대학에 가는 지름길이다"라고 우기지만 그것은 비전이 아닙니다. 비전이란 하나님의 꿈을 꾸는 것입니다. 나라면 절대로 할 수 없는 것, 인간이 절대로 할 수 없는 그 꿈을 하나님께서 자신을 통해서 이루시도록 바라고 기다리는 것이 비전입니다. 따라서 부모가 만들어놓은 일류대학 진학이라는 목표를 자녀에게 억지로 강요하는 것은 옳지 않습니다.

한국이나 미국에서 서울대나 하버드대학에 가는 사람보다 못 가는 사람이 더 많다는 것은 기정사실입니다. 하버드에 가는 미국사람보다 하버드에 못 가는 미국사람이 대다수인 것은 당연합니다. 하버드에 들어갈 수 있는 것은 그만큼 선택된 소수의 미국사람이라는 말입니다. 그런 하버드대학에 들어가기 위해 목숨을 거는 사람이 미국사람이 아닌 한국사람이라는 것이 아연할 뿐입니다.

비록 미국에서 살더라도 한민족의 근성을 잃지 않은 한국인 교포 1.5세나 2세쯤 되니까 어려서부터 일류대학을 강조하는 부모를 참고 견디는 것이지, 미국의 청소년 같으면 애초에 부모 뜻대로 그렇게 살아주지도 않을 것입니다. 미국의 청소년이나 어린이를 데려다가 한국 가정에서 일주일간 살게 한다면 어떤 일이 벌어질까요? 아마 아이들이 전부 미쳐버릴 겁니다. 그만큼 미국의 한국인 가정이란, 가장 합리적인 나라에서 전혀 합리적이지 않은 교육이 이루어지는 장소가 되어버렸습니다.

부모자식 간의 문화 차이

부모도 자녀와의 관계 개선을 위해서 가장 먼저 해야 할 일이 무엇인지 잘 알고 있습니다. 서로 솔직한 대화를 나누는 것이지요. 그러나 그것이 생각에 그칠 뿐 실천에 옮기는 일은 결코 쉽지 않습니다. 말을 하더라도 부모가 자녀의 상태나 생각을 전혀 이해하지 못한 상태에서 부모 입장에서만 말하기 때문입니다. 그렇다면 부모가 자녀에 대해 알아야 할 것은 무엇입니까? 우선 부모는 자녀의 문화가 부모 세대의 문화와 다르다는 것을 인정해야 합니다.

"하나의 문화가 다른 문화에 비해서 더 좋거나 나쁜 것은 아니다. 그저 다른 것이다"라는 것을 인정하는 것이야말로 문화를 대하는 올바른 태도입니다. 부모는 이 점부터 먼저 인정해야 합니다.

중년층의 한국인 부모는 대개 통합적인 인지구조 양식을 가지고 있습니다. 모든 대상을 그저 하나의 개념으로 대강 묶어버리려는 경향이 강합니다. 반대로 요즘 아이들은 조목조목 따지고 분석하려는 경향이 강합니다. 그러나 부모는 그렇게 분석하는 것을 매우 싫어

합니다. 자녀가 무언가 물을 경우 한국인 부모는 "이런 식으로 이렇게 해보라"라는 식의 구체적인 답을 가르쳐주지 않습니다. 흔히 "그냥 그런 거야!", "원래 그래" 심지어 "몰라도 된다"라고 말합니다.

한국과 미국에서 일어날 수 있는 대화의 양상이 어떻게 다른지 보십시오. 한국에서는 엄마가 장을 보러 간다고 하면 아이들이 뛰어나와 이렇게 말합니다.

"엄마! 나 맛있는 것 좀 사다줘."

아이들은 구체적으로 무엇을 먹고 싶은지, 무엇을 사다달라는 건지 말하지 않습니다. 그러면 대개 엄마들은 뭐라고 말합니까?

"딴 데 신경 쓰지 말고 들어가서 공부나 해!"

거의 동문서답 수준의 답변이 되돌아오는데도 아이는 별다른 이의 제기도 없이 방으로 들어가서 공부합니다. 왜냐하면 아이는 엄마가 아무리 그렇게 말해도 맛있는 간식을 사올 것이라는 것을 알고 있으니까요. 그러니까 크게 상처받지 않습니다. 어렸을 때 저 역시 이런 대화가 일상생활이었습니다. 하지만 어머니가 그러신다고 해서 저 역시 별로 기분 나빠하지 않았습니다. 방으로 들어가서 공부하는 척하고 있으면 제 요구를 무시하시는 것만 같던 어머니가 어느새 먹을 것을 사들고 오셨기 때문입니다.

그런데 미국 아이들이나 한인 2세들은 다릅니다. 부모에게 구체적으로 먹고 싶은 것을 말합니다. "엄마, 베스킨라빈스에서 피스타치오아몬드 사다줘"라는 식으로 조목조목 소상하게 주문합니다. 요즘은 우리나라 아이들도 상당히 구체적으로 변했습니다.

가정에서 벌어지는 문제의 원인이 많은 경우 바로 이런 문화의 차이에서 비롯되고 있습니다. 먹는 방식에도 현격한 차이가 있습니다. 서양에서는 에피타이저가 나온 다음 수프가 나오고 샐러드를 먹습니다. 차례대로 음식이 나오는 코스 식입니다. 그러나 한국은 모든 음식을 한 상에 그득하게 차려냅니다. 먹다가 지치면 비벼먹거나 물에 말아먹을 정도로 한꺼번에 많은 음식을 내놓는 것이 특징입니다. 하지만 한식과 양식의 방법 중 어느 것이 더 좋거나 나쁘거나 또는 우열을 가릴 수는 없습니다. 단지 다르다는 것을 깨닫고 인정하는 것이 중요합니다.

대화의 장벽

흔히 미국에서 자라나는 한국 아이들이 부딪히는 가장 큰 장벽은 언어의 장벽과 문화의 장벽입니다. 마찬가지로 한인사회 가정 내에서도 가장 큰 장벽은 1세대와 2세대 간에 문화와 언어의 장벽입니다. 똑같은 한국어를 쓰는데 아이들이 쓰는 말과 어른이 쓰는 말이 서로 틀립니다. 그것은 말이 곧 생각의 표현이기 때문에 그렇습니다. 어른들은 한국식으로 생각하고 한국어를 쓰지만 그 자녀 세대는 미국식으로 생각하고 한국어를 하기 때문에 같은 한국어를 쓰더라도 서로 못 알아듣는 경우가 발생하는 것입니다.

그렇더라도 우리가 분명히 고려해야 할 사항이 있습니다. 교포 1.5세나 2세 자녀들이 미국에서 사는 것은 그들의 결정이 아니었다는 점입니다. 그들은 어느 날 눈을 뜨고 일어나니까 미국에 와 있었고, 또 미국에서 태어나기도 했습니다. 자기 의지로 미국에서 살고 있는 것이 아닙니다. 그런데도 부모라는 사람들은 하나같이 너희들 때문에 미국에 왔다느니, 지금 이렇게 고생 고생하는 것도 다 너희들 때문이라고 우깁니다. 아이들은 그런 상황을 이해하기 어렵습니다. 부모님은 이 점을 반드시 감안해야 합니다. 이것은 한국의 부모들도 마찬가지입니다. 부모가 자녀들을 위해 무조건 희생한다고 거침없이 말하고 있습니다. 과연 부모가 자녀들 때문에 고생합니까? 부모 스스로 자초한 고생은 없습니까?

한국에서도 인터넷이 보급되면서 문화가 더욱 급속히 변화하기 시작했습니다. 아이들이 즐겨 쓰는 휴대폰 문자 메시지를 보신

적이 있습니까? 대체 그것이 한국어가 맞는지, 봐도 무슨 뜻인지 모를 만큼 요즘 아이들의 언어와 문화는 분명히 따로 존재합니다. 세종대왕이 아셨다면 아마 무덤에서 벌떡 일어나실 지경입니다. 그러다보니 가정에서도 부모와 자녀가 속편하게 대화를 나누기가 더욱 힘들어졌습니다.

어른들이 홈페이지에 익숙해질 무렵, 이제 아이들은 번거롭게 개인 홈페이지를 만드느라 부산하지 않습니다. 일명 '싸이질'이라고 하는 개인 미니홈페이지 가꾸기에 열을 올리거나 블로그를 만들어서 활동합니다. 그럼 부모들은 다시 블로그가 뭔지 몰라서 헷갈리기 시작하고 다시 대화가 안 되기 시작합니다. 블로그가 뭔지 설명해보라고 하면 "웹(Web)과 로그(Log)가 합쳐진 단어로 혼자서 자유롭게 글을 올릴 수 있는 일종의 개인 웹사이트지. 엄마는 그것도 몰라?"라고 다시 아는 척입니다. 들어도 무슨 소린지 금세 이해가 안 되고 기분도 상한 부모 입에서도 고운 소리가 나오지 않습니다.

"이 녀석들이 비싼 밥 먹여서 키워놨더니 무식하다고 엄마 아빠를 놀려?"

부모님이 가장 만만하게 책잡을 수 있는 꼬투리란 역시 공부밖에 없습니다.

"그렇게 똑똑한 너는 왜 공부는 그 모양이냐?"

그러면 아이도 삐쳐서 자기 방으로 들어가버리고 서로 속상하게 됩니다. 그런데 누가 더 많이 속상합니까? 엄마가 더 속상합니다. 처음에는 원망스러운 한탄도 새어나오지만 금세 자식을 위해 기도하는 것이 부모 마음입니다. 그런 다음에는 도리어 '아이고! 내가 그냥 참을 걸' 하면서 아이에게 미안해합니다. 그게 다 부모의 마음입니다. 부모만큼 자녀를 사랑하는 사람은 이 세상에 없습니다. 중요한 문제는 그 사랑을 표현하는 방법을 잘 모른다는 것입니다. 아이들 역시 부모의 사랑 표현을 제대로 이해하거나 받아들이지 못하는 것이지요. 즉, '공부하라'는 잔소리도 일종의 사랑 표현이라는 사실을 자녀는 잘 모르는 것 같습니다.

난해한 사랑 표현

우리의 교포 2세들이 미국이라는 나라에서, 집 밖에서는 미국의 아이들처럼 미국인으로 생활하다가, 집으로 돌아오면 다시 한국인으로 살아가야 한다는 것은 커다란 부담이 아닐 수 없습니다.

특히 미국에서 생활하다보면 미국인들이 즐겨 쓰는 표현 중에 재미있는 점을 발견할 수 있습니다. 미국인들은 '러브'(love)라는 말을 너무 흔하게 사용합니다. 우리처럼 끈끈하고 정겹게 사랑하지도 않으면서 미국인들은 입만 열면 "사랑한다"는 말을 남발합니다. 그러다보니까 집에 돌아와서 지내는 동안 우리 자녀들은 매우 혼란스럽습니다. 아빠 엄마가 "공부하라"는 말만 하고 "사랑한다"고 말하지 않는 것이 너무나 이상하기 때문입니다. TV드라마를 보거나 영화를 봐도 부모는 자녀에게 언제나 "사랑한다"고 말하는데, 우리 부모님은 전혀 그렇지 않다고 느낄 때, 자녀들이 느끼는 실망감, 사랑받지 못한다고 느낄 때 드는 비참함은 의외로 큰 편입니다. 그래서 저는 세미나에 참석한 아이들에게 이렇게 이야기했습니다.

"한국어는 잘 몰라도 '아리랑' 이라는 민요는 다들 알지? 그 민요를 한 번 불러봐. 그 노래는 사랑의 노래다. 미국의 사랑 노래는 어떠냐? '사랑하는 사람아, 가지 마오. 내 곁에 있어줘. 나랑 같이 영원토록 사랑하자' 라는 식이잖아. 하지만 한국 사람은 떠나가려고 하는 사람에게 '십 리도 못 가서 발병 난다' 라는 아리랑 노래를 불렀단다. 그런데 그게 진짜로 '발병 나라' 고 하는 말은 아니야. '가지 말고 나와 같이 살자' 는 뜻이지. 같은 의미지만 이렇게 표현이 다를 수 있어. 예로부터 한국에서는 무탈하게 오래오래 살라고 '개똥이', '쇠똥이', '도야지' 하는 식으로 아명(兒名)을 천하게 짓는 일이 많았다.

하지만 이것은 표현 방법의 차이야. 사랑하는 사람이나 자식이 잘못 되기를 바라는 것은 결코 아니지. 그러니까 부모님이 '공부해!' 라고 말씀하는 것은 'I love you!' 라는 말이야. '이놈아!' 라고 부른다고 해도 'I love you' 라는 뜻이지. 표현이 강할수록 매우 많이 사랑한다는 말이라고 이해하면 된다."

제가 미국에서 아이들에게 가장 많이 강조한 부분도 부모를 이해하자는 것이었습니다. 대개 부모가 자녀들을 이해해야 한다는 내용의 집회는 많지만 아이들에게 부모를 이해하라고 강조하는 집회는 거의 없습니다. 간단하지만 부모의 표현방식과 사랑을 이해하라는 말 몇 마디로 아이들의 얼굴은 금세 환해지곤 했습니다. 심지어 어떤 학생은 저를 붙잡고 고맙다는 인사까지 했습니다.

"목사님, 저는 우리 아버지 어머니가 저를 고아원에서 데려다가 기르는 줄 알았어요. 그런데 오늘 목사님 말씀을 듣고 보니 저희 아버지 어머니가 저를 되게 사랑하시네요. 저희 집에서는 저를 부를 때 처음부터 끝까지 '이놈 저놈' 이에요."

이런 사정을 감안하여 부모도 반드시 직접 사랑한다고 표현하는 법을 배워야 합니다. 다들 "안 해도 알잖아?" 라고 말하는데 안 하는데 알기는 어떻게 압니까? 사랑을 표현하지 않으면 40년을 같이 산 부부도 그 사랑을 확인할 길이 없습니다. 구체적으로 말을 해야 압니다.

"사랑한다, 아들아", "나는 너를 아낀다", "네가 몹시 자랑스럽구나!", "너는 귀한 내 아들이다" 이렇게 구체적으로 직접 사랑을 표현하는 것이 "어서 들어가서 공부해! 네가 지금 공부 말고 무슨 할 일이 있다고 그래"라고 말하는 것보다 얼마나 좋습니까? "너는 공부만 하면 되니까 어서 들어가서 공부해라"라는 말을 듣고도 "아! 우리 엄마는 역시 나를 사랑하시는구나!"라고 생각하는 자식이 있다면 그것은 태어나기 전부터 도를 닦은 경우이지요. 대개 아이들은 그런 부모의 마음을 모릅니다.

한국의 부모들은 자녀를 늘 같은 방식으로 대합니다. 부모가 고생하는 이유는 전부 무조건 자녀들 때문이라고 합니다. 그러니까 공부 열심히 하라는 것입니다. 그러나 이런 말은 자녀에게 쓸데없는 부담만 안겨줄 뿐입니다. 이런 말 한두 마디로 교육이 되리라 생각했다면 절대 오산입니다. 부모가 자기 고충을 이야기한다고 해서 자식이 부모를 더 사랑하거나 부모의 어려움을 더 잘 이해해주리라고 생각하십니까? 아닙니다. 거꾸로 자녀만 괴로워합니다.

열혈탱크 목사의
신본주의 자녀교육법 2

1. 하나님이 가정의 기준이 되어주실 때 진정한 가정의 변화가 일어난다.

하나님이 우리 가정의 기준이자 가치관이 되지 않는 한 우리 가정은 세상의 그 어떠한 방법론으로도 회생할 수 없다. 자녀들을 변화시키려면 먼저 자녀들과 진솔한 관계부터 맺어야 한다. 세상 방법론의 테크닉만으로는 자녀들과 진솔한 관계를 맺을 수 없을 뿐만 아니라 변화시킬 수도 없다. 그런데도 많은 부모들이 자녀의 변화를 위해 세상의 방법론에 의지하려는 것은 큰 잘못이다.

2. 일류대학 순례로는 자녀에게 인생 비전을 심어줄 수 없다.

부모가 어린 자녀의 손을 붙잡고 일류대 순례를 시키는 것은 자녀에게 진정한 비전을 심어주는 것이 아니다. '비전'이란 하나님의 꿈을 꾸는 것이다. 인간의 힘으로 절대로 할 수 없는 그 꿈을 하나님께서 자신을 통해서 이루시도록 바라고 기다리는 것이 비전이다. 따라서 부모가 만들어놓은 '일류대학 진학'이라는 목표를 자녀에게 억지로 강요하는 것은 진정한 비전이 아니다.

3. 자녀와 대화할 때 부모가 일방적으로 말하지 말고 자녀를 이해하려고 노력하라.

첫째, 자녀의 문화가 부모 세대의 문화와 다르다는 것을 이해하라. 자녀 세대의 문화를 이해할 때 그들과 원활한 의사소통을 할 수 있다.
둘째, 자녀 때문에 부모가 고생한다는 말은 금물이다.
셋째, "공부하라"는 말 외에 진솔한 사랑의 표현을 개발하라.

3장 과보호는 자녀를 망하게 하는 지름길이다

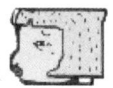

부모가 자녀의 일을 일일이 대신해준다면 그것은 자녀를 바보로 만드는 일이 되고 말 것입니다. 스스로 수저를 들 수 있는 나이가 되었는데도 여전히 밥 위에 반찬을 놓아주고 계십니까? 오늘부터라도 당장 그만두십시오.

관계란 일방통행이 아니다

청소년을 영어로 '틴에이저'(teenager)라고 합니다. 틴에이저란 13세에서 19세, 그러니까 'thirteen'에서 'nineteen'까지 모두 'teen'으로 끝나기 때문에 붙여진 대명사입니다. 한국에서도 만 18세, 즉 우리 나이로 19세까지를 청소년으로 봅니다. 이로써 한국이나 서구에서 청소년의 연령대를 공통적으로 어디까지로 보고 있는지 잘 알 수 있습니다. 요즘은 청소년기를 11세부터 25세까지로 보는 견해가 많습니다. 굉장히 길어졌지요. 대체로 잘 먹고 잘 살게 되어 영양 상태가 양호하고 그만큼 신체가 빨리 발육하게 되면서 자연스럽게 청소년기도 빨라진 것입니다. 그런데 전통적인 청소년기가 지나고 청년기에 들어섰는데도 부모가 지나치게 모든 것을 대신해주다보니 정신적으로 더 이상 자라지 않으면서 여전히 청소년으로 남아 있는 사람들이 요즘 점차 늘고 있는 추세입니다.

하루는 아들의 상담을 부탁하는 전화가 걸려왔습니다. 아들이 학교에 다니는데 아침에 일어나지도 않고 학교도 안 가고 거짓말까지 한다는 것입니다. 그래서 저는 지금 몇 학년이냐고 물었습니다. 그랬더니 대학생이고 나이가 서른이라는 겁니다. 나이 서른에 아직까지 그러고 있다니 저는 기가 막혔습니다. 그 나이쯤 되면 자립해서 자기 길을 걸어갈 뿐만 아니라 부모님께 효도도 하면서 살아야 정상 아닙니까? 그런데 그만큼 나이를 먹고도 부모 속 썩이고 용돈 타서 쓰며 살아가는 사람들이 많습니다.

그럼 이런 성인아이들이 왜 많아진다고 생각하십니까? 그것은 어렸을 때부터 부모가 다 해주었기 때문입니다. 저는 엄마가 중2 남학생인 아들에게 밥을 먹여주는 모습도 본 일이 있습니다. 아들이 입을 '아' 하고 벌리면 엄마가 숟가락으로 밥을 떠먹여준 다음 "꼭꼭 씹어서 먹어라" 라는 말까지 잊지 않는 것이었습니다. 지금 제 막내아들이 세 살인데 저는 세 살짜리 어린아이한테도 그렇게 한 적이 없습니다.

그럼 많은 부모가 자식에게 목을 매면서 자식이 할 일까지 대신해주려고 드는 이유는 무엇입니까? 자식이 할 일을 대신해줄 때 부모는 자식이 부모의 컨트롤 아래 있다고 느낍니다. 자식을 조종하고 있을 때가 가장 기쁘기 때문이지요. 따라서 자녀가 청소년이 되는 시기에 부모는 혼란을 느끼고 불안해합니다. 자녀가 자꾸 무언가를 혼자서 하려고 들기 때문입니다. 그렇지만 이 시기에 부모가 자녀의 일을 일일이 대신해준다면 그것은 자녀를 바보로 만드는 일이 되고 말 것입니다. 스스로 수저를 들 수 있는 나이가 되었는데도 여전히 밥 위에 반찬을 놓아주고 계십니까? 오늘부터라도 당장 그만두십시오. 혼자서 밥을 안 먹겠다고 그러면 차라리 밥그릇을 빼앗아버리십시오. 한 끼만이라도 굶어보도록 해주세요. 한 끼 굶는다고 죽지 않습니다. 다음부터는 혼자서도 밥을 잘 먹을 것입니다.

어렸을 때부터 모든 결정을 대신 내려주는 부모들도 있습니다. 부모가 하라는 것만 허락되는 가정, 부모 식대로만 자녀를 양육할 수 있는 그런 가정에서 자란 아이는 속으로 굳게 다짐합니다.

'내가 대학만 가봐, 정말!'

그런 다음 대학에 들어가지요. 그것도 이런 학생들이 말하는 일명 좋은 대학에 갑니다. 이들이 말하는 좋은 대학이란 될 수 있으면 집에서 먼 대학을 가리킵니다. 그렇게 대학에 들어가더니 집에 오지 않습니다. 여름방학이 되어도 "아빠, 나 여름 강의 들어야 해, 돈 좀 보내" 그러면 그만입니다. 부모는 뭣도 모르고 방학인데 놀지도 않고 열심히 공부한다고 좋아합니다. 쉬엄쉬엄 몸조심해가면서 공부하라는 당부와 함께 부모가 돈을 보내주면 아이는 그 돈으로 놀러다닙니다.

어느 미국 교포 부모가 한국에 다니러왔다가 식당에서 밥을 먹는데 맞은편에 어디서 많이 보던 아이가 앉아서 밥을 먹더랍니다. 자세히 보니 자기 아들이더라는 것입니다. 곧 식당 안에서 난리가 났습니다. 이것은 진짜로 있었던 일입니다.

"이 죽일 놈, 여기가 어디라고 와서 밥을 처먹고 있느냐."

그런 아이가 아버지와 관계가 있다고 말할 수 있을까요? 그 아이가 가정이 있다고 말할 수 있습니까? 그것은 가정이 아니라 집입니다. '홈'(home)이 아니라 '하우스'(house)인 셈이지요. 집이 중요한 게 아니라 가정이 중요한 것처럼 부모가 자녀와 어떤 관계를 맺고 있느냐가 중요합니다.

인내와 여유가 필요하다

미국의 초등학교 교사들이 학생들에게 질문을 던진 다음 학생들의 응답을 기다리는 시간은 평균 7초에서 8초라고 합니다. 반면에 한국 교사는 약 2초라고 합니다. 그렇다면 한국 엄마는 몇 초일까요? 공식적으로 조사된 바는 없지만 제 생각에는 약 0.5초 정도 되리라고 생각합니다. 묻는 즉시 답하지 않으면 바로 손부터 올라가니까 아이들이 집에서 기를 못 펴는 것입니다.

교육은 여유가 있어야 가능합니다. 그런데 부모는 너무나 안달을 합니다. 특별히 한국의 어머니들에게 이 '안달의 은사'가 있는 것 같습니다. 너무나 열심입니다. 어느 정도냐 하면 아직 초등학교 1학년도 안 된 아이에게 산수 공부를 시킵니다. 엄마가 "7 더하기 3은?"이라고 문제를 내면 아이는 손가락으로 셈하려고 두 손을 꼽는데 엄마는 그 꼴을 보지 못합니다. 손을 탁 치면서 "머리로 해. 머리로!"라고 시킵니다. 하지만 처음부터 머리로 셈할 줄 아는 아이가 어디 있습니까? 손가락으로 하다보면 자연스럽게 머리로 하게 되는데 그 새를 참지 못하고 머리를 쥐어박습니다.

"어이구, 제 아비 닮아서 이 모양이야."

아무려면 아빠만 닮아서 그 모양이겠어요? 엄마도 닮았으니까 그 모양이지! 닮으면 엄마를 더 닮지 않았을까요? 10개월씩이나 데리고 있던 사람이 누군데요! 한국 가정의 아버지들이야 가족을 위해 바깥에서 죽도록 일만 하는데, 아이들 앞에서 그런 남편 욕을 한다면 그것은 가정의 질서를 무너뜨리는 일이자 아버지의 자리를 빼앗는 일이 됩니다.

그런 이야기를 함부로 하는 것도 여유가 없기 때문입니다. 여유를 가지고 아이들과 관계를 맺으면 그때부터 가정에서 대화가 가능해집니다. 대화의 비결은 자유로워야 한다는 것입니다. 자유로운 분위기 속에서 충분한 대화가 이루어지고 끝마무리도 매번 다르게 자연스럽게 맺어야 하는데도 우리 가정의 대화는 그렇지 못한 편입니다.

"오늘 우리 대화를 나누자. 너는 오늘 어땠니? 그랬구나, 그래, 다 그런 거란다. 그래서 이 세상에서 잘 살려면 공부를 열심히 해야 하는 거야."

결론은 매번 똑같습니다. 공부하라는 것입니다.

어린아이라면 밥을 먹다가 조금 흘릴 수 있습니다. 그것은 나중에 한꺼번에 치우면 됩니다. 그런데 밥알을 흘리자마자 흘리지 말라고 나무라는 동시에 그 자리에서 아이가 흘린 밥알을 주워먹는 사람이 한국의 엄마입니다. 아이가 밥숟가락을 들었다 하면 반찬을 집어서 얼른 밥 위에 얹어주는 것이 한국 엄마의 특징입니다. 이 극성에 어렸을 때 자기가 좋아하는 반찬만 먹을 수 있었던 한국의 어린이는 아마 거의 없었을 것입니다. 밥숟가락만 들면 무언가 하나 올라와 있고 안 먹겠다고 하면 난리가 나는 일이 우리 가정에서 다반사로 일어났습니다. 바로 여유가 없고 여지를 주지 않는 우리의 잘못된 가정교육 현실의 일단입니다. 그러나 분명한 사실은 여유가 없으면 교육이 되지 않는다는 사실입니다.

"한국의 아줌마는 버스보다 빠르다!"라는 광고가 있었습니다. 아이가 도시락을 놓고 간 것을 발견한 엄마는 아이가 탄 통학버스를 좇아 달리기 시작합니다. 그렇게 달린 엄마는 이내 버스를 따라잡아서 아이에게 도시락을 전한다는 광고였죠. 도시락을 두고 간 자녀를 위해 통학버스를 좇아 달리던 그 모습을 단지 모성애의 발로로만 보십니까? 저는 그 광고를 보면서 우리 아이들이 저런 엄마의 등살에 얼마나 힘들게 살아갈지 가슴이 아팠습니다. 아이가 챙기지 못한 도시락까지 책임지고 말겠다는 한국의 엄마, 한국의 아줌마들이 너무나 대단하고 두렵게 느껴졌기 때문입니다. 처녀 때에는 안 그랬는데 결혼하여 아이를 낳고 나더니 돌변하여 아이에게만 목숨을 거는 엄마, 아이를 위해서라면 버스보다 더 빨리 달릴 수 있다는 엄마에 대해 어떻게 생각하십니까?

하지만 밥 한 끼 안 먹는다고 죽습니까? 더욱이 싸놓은 도시락을 챙겨서 가져가지 못한 것은 아이에게 분명히 그 책임과 잘못이 있습니다. 저는 이 광고가, 단지 엄마라는 이유로 모든 것을 대신해주어야 한다고 여기는 극성스러운 우리네 부모의 현실을 잘 나타내주었다고 생각합니다.

엄마의 허락 없이는 콜라도 못 마시는 아이

심지어 숙제까지 대신해주는 부모도 많습니다. 왜 자녀의 숙제를 대신해줍니까? 숙제를 못 했으면 학교에 가서 망신도 당해보아야 합니다. 그것은 당연한 일입니다. 자기 일은 자기 스스로 직접 하도록 해야 합니다. 자기 일을 스스로 결정하고 스스로 해결하는 훈련을 하지 못하고 사사로운 일까지 엄마가 나서서 전부 다 결정해주다보면 나중에는 자신이 먹고 마실 것도 스스로 결정하지 못하는 바보가 되어버리고 말 것입니다.

한번은 초등학교 5학년생과 그 또래 아이들을 데리고 점심시간에 패스트푸드점에 갔습니다. "너 뭐 먹을래? 뭐 마실래?"라고 서로 메뉴를 고르는데, 유독 한 아이만 메뉴를 정하지 못하고 가만히 있길래 왜 그러느냐고 묻자 너무나 진지한 눈빛으로 집에 전화 한 통화만 하게 해달라고 말하는 것이 아닙니까? 엄마에게 오늘 콜라를 먹어도 되는지 안 되는지 물어보아야 한다는 겁니다. 저는 너무 황당해서 "콜라가 먹고 싶으면 콜라를 먹으면 되잖아?"라고 했더니 "오늘이 수요일인데 먹어도 되는 날인지 아닌지 모르겠어요"라고 하는 것이 아닙니까.

저는 속으로 너무나 기가 막혔지만 "괜찮아! 엄마께는 내가 알아서 잘 말씀드릴 테니까 그냥 먹어라!"라고 말했습니다. 그렇지만 그 아이는 망설이다가 끝내 결정하지 못하는 것 같았습니다. 결국 저는 그 아이에게 먹지 말라고 말했습니다. 집에 전화도 안 해주고 점심도 먹지 말라고 망신을 준 것입니다. 그러자 아이가 집에 가서 "엄마! 목사님이 나 점심도 먹지 못하게 했어"라고 죄다 이른 모양입니다. 참 이상하게도 그런 부모가 가장 먼저 전화를 걸어옵니다. 하지만 제게 전화로 항의한 그 학생의 부모는 도리어 저에게 큰 망신을 당했습니다.

"오늘 제가 얼마나 힘들었는지 아십니까? 어떻게 아이가 혼자서 콜라도 못 마시게 키우셨습니까?"

다섯 살이 되었으면 다섯 살에 어울리는 결정권을 주는 것이 옳습니다. 여섯 살, 일곱 살, 여덟 살이 되었다면 또 그 나이에 맞게 결정권을 주십시오. 사람이란 그렇게 차근차근 배워가는 존재입니다. 자신이 결정을 잘못 내렸으면 실패도 맛보고 망신도 당하는 것이 옳습니다. 다섯 살 아이도 다섯 살에 걸맞은 실패를 맛보아야 합니다.

하다못해 콜라를 먹기로 결정했는데 먹어보았더니 쓰기만 하고 자기 입맛에 맞지 않더라는 깨달음도 먹기로 결정하고 먹어보고 스스로 깨우쳐야 알 수 있습니다. 그런 사소한 것에서부터 중대한 결정에 이르기까지, 열여덟이 되고 열아홉이 되어 어른스러운 결정을 내릴 수 있을 때까지 계속 훈련해야 합니다. 그렇게 하지 않고 매사 일일이 대신 결정해주다가 대학에 합격하자마자 이제부터 "네 마음대로 해라" 그러면 그 다음부터 자녀의 생활이 엉망진창이 되는 것은 따놓은 당상이지요. 그것은 너무나 당연한 일입니다.

엄마의 성급함이 아이의 창의력을 망친다

부모가 흔히 하는 실수가 있습니다. 아이들의 의견을 물어봤으면 아이들의 결정을 존중해주어야 합니다. 주일 오후에는 다들 피곤

합니다. 그래도 저녁은 해먹어야 하니까 엄마가 아이들에게 의견을 물어봅니다.

"오늘 저녁 뭐 먹을래?"

"엄마, 오늘 만두 해먹어요!"

그러면 엄마는 당장 째려보면서 이렇게 말합니다.

"만두는 누가 만드는데? 네가 만들래?"

그렇게 대답할 거면 왜 물어보셨습니까? 그냥 알아서 해주시지요. 그런데 이번에는 다시 둘째에게 물어봅니다.

"너는 뭐 먹을래?"

"엄마, 만두 싫으면 스파게티 해먹어요."

"만두보다 한술 더 뜨는구나. 그냥 식은 밥이나 먹어!"

이렇게 하는 것은 아이들을 무시하는 정도가 아니라 창의력을 완전히 짓밟아버리는 일입니다. 한국에서 미대(美大)에 진학하는 학생들의 경우, 아예 졸업을 못하거나 졸업한 후에도 창조적인 작가 활동을 하지 못하는 경우가 있습니다. 사실 미대라고 해도 1,2학년 때까지는 보고 그리는 방식 위주로 공부하기 때문에 별 문제가 없습니다. 하지만 3학년 때부터 창의력을 동원하여 그리는 수업이 많아지기 때문에 실력 차이가 드러나는 것이지요. 어렸을 때부터 밥이며 반찬이며 주는 대로 받아먹어 버릇한 아이들이 자라나 어떤 창의적인 일을 해낼 수 있겠습니까?

"뭐 마실래?"라고 물어보길래 콜라 마시고 싶다고 대답했는데 "콜라 마시면 뚱뚱해져. 다른 거 마셔"라는 결정이 순식간에 내려진다고 상상해보십시오. 얼마나 황당하겠습니까? 아이의 의사를 물었다면 비록 아이의 결정이 마음에 들지 않더라도 아이가 원하는 것을 해주십시오. 그것이 옳습니다. 왜냐하면 이미 의사를 물어보았기 때문입니다. 그렇게 하지 않으면 창의력을 꺾게 되고, 창의력이 없어지면 바보가 되고 맙니다. 그런데 그렇게 만드는 장본인이 바로 아이들을 위해 모든 것을 내어주고 대신해주는 엄마라는 사실을 자각하시기 바랍니다. 뭐든지 대신해주는 것은 자녀를 사랑하는 것이 아닙니다.

그럼 엄마들이 발 벗고 나서서 아이들이 할 일을 대신해주려고 하는 이유는 무엇이라고 생각하십니까? 그 역시 여유가 없기 때문입니다. 하루아침에 잘못되는 것도 아니고 하루아침에 잘되는 것도 아닙니다. 교육에는 여유가 가장 중요합니다. 여유를 가지십시오. 그런데 여유를 가지려면 반드시 필요한 덕목이 있습니다. 바로 믿음이 있어야 한다는 것입니다. 이 아이를 향한 하나님의 계획이 있으며, 아이들은 하나님의 계획을 이루기 위하여 각자 하나님이 주신 개성, 즉 적어도 하나 이상의 귀한 달란트를 가지고 태어났다는 것을 믿으시기 바랍니다. 하나님께서 이 아이들에게 귀한 달란트를 주셨다는 것을 믿으면 됩니다.

이것을 믿지 않고 다른 것을 믿어서는 안 됩니다. 다른 것을 믿는다는 것은 바로 세상을 믿는다는 것이고 세상적으로 교육한다는 뜻이 되기 때문입니다. 그리스도인을 세상적으로 교육하지 마십시오. 하나님을 믿는 사람처럼 한번 해보십시오. 하나님을 믿으십시오. 하나님의 뜻대로 자녀를 양육하시기 바랍니다.

정상적인 아이

저는 지금까지 다양한 케이스의 아이들을 상담했습니다. 월요일마다 청소년 상담에 대한 교육도 실시하고 있습니다. 청소년 상담에서 반드시 주목해야 할 것은 '하나님의 사람으로 온전케 키우는 일'에 집중해야 한다는 점입니다. 그러면 어떻게 상담을 해야 합니까? 관계를 맺어야 합니다. 그래서 마음과 마음이 열려야 합니다. 그러기 위해서 우리는 대화해야 합니다. 그러면 어떤 대화가 있어야 합니까? 반드시 말씀이 있는 대화가 있어야 한다는 점을 기억하십시오. 하나님의 말씀을 가르치지 않으면 그 청소년과 가정은 절대로 바로 설 수 없습니다.

우리 가정의 자녀는 건강합니까? 요즘은 건강한 아이 건강하지 않은 아이, 그러니까 정상 비정상의 기준이 완전히 뒤바뀌어버렸습니다. 정상적인 아이의 일상은 어떻습니까? 아침 일찍 등교해서 대여섯 시간의 수업을 마치고 난 뒤 집으로 돌아오면 잠깐이라도 눈을 붙여야 할 만큼 힘이 듭니다. 도시락을 몇 개씩 싸가지고 오후 내내 학교에서 보내야 하는 '야자'(야간 자율학습)를 안 한다고 치면 보통 5시쯤 집에 돌아오게 됩니다. 잠깐 눈을 붙이고 일어나면 출출해지고 거의 저녁식사 시간이 되어갑니다. 밥을 먹고 바로 공부하면 소화가 안 되니까 30분 정도 TV를 보려고 전원을 켜는 순간 엄마의 비명소리가 들려옵니다.

"야, 이 녀석아. 밥 먹었으면 당장 들어가서 공부해!"

아이는 상처를 받고 방으로 들어갑니다만 그렇게 소리를 지른 엄마는 일일연속극을 보느라 정신이 없습니다. 방안으로 들어가 책상에 앉기는 했지만 거실에서 들리는 TV소리가 유난히 크게 들려옵니다. 이런 경험이야 학창시절에 다들 겪어보았을 것입니다. 아이는 다시 슬그머니 방에서 나옵니다.

"이 녀석이! 들어간 지 얼마나 됐다고 또 나와?"

엄마의 호통에 변명거리를 찾던 아이는 엄마 요리 실력을 탓하면서 같이 목소리를 높입니다.

"음식이 너무 짜서 물이 먹히니까 그렇죠. 목말라 죽겠네."

냉장고 문을 열고 물을 들이켜면서 아이의 눈은 TV 화면에 가서 꽂힙니다. 물 마시는 속도도 점점 느려집니다. 이 광경을 지켜보던 엄마도 더 이상 참지 못하고 다시 한번 고함을 지릅니다.

"얼른 마시고 들어가!"

이것은 대화가 아닙니다. 물을 마셨으니 또 금세 소변을 보러 나올 텐데 이번에는 아이에게 뭐라고 하시겠습니까? 그러나 분명한 것은 이 아이가 지극히 정상이라는 사실입니다.

비정상적인 아이

그럼 비정상인 아이는 어떨까요?

학교가 파하여 이제 막 집으로 돌아온 아이 입에서 이런 말이 나온다고 상상해보십시오.

"엄마, 학교 다녀왔습니다. 오늘 학교에서 너무 많은 것을 배웠어요. 잊어버리기 전에 얼른 복습을 해야겠어요. 제가 복습할 동안 엄마, 조용히 해주세요. 그리고 너무 바쁘니까 저녁 밥상을 다 차린 다음 부르세요."

그리고 얼른 제 방으로 들어가서 공부합니다. 시간이 흐르고 저녁상을 다 차린 엄마가 불러서 식탁에 앉기는 했지만 밥을 먹으면서도 내내 책만 봅니다. 식사하는 동안에는 책을 보지 말라는 엄마의 말에 "아니에요, 엄마. 1분 1초가 아까워요"라면서 계속 책을 보면서 밥을 먹습니다. 밥을 다 먹으면 또 제 방에 틀어박혀 공부만 합니다. 엄마가 간식이라도 챙겨서 밤참 먹으라고 불러도 내내 공부만 하겠다는 아이입니다.

"밤참 먹을 시간 없어요. 밤참 먹으면 졸려서 공부가 안 돼요."

그런데 이렇게 대답하는 아이는 분명히 어딘가 아픈 아이입니다. 정상이 아닙니다. 세상에 이런 아이가 어디 있습니까? 그런데도 엄마는 이런 비정상의 아이를 꿈꿉니다. 그것은 엄마도 비정상이라는 뜻이지요. 그리고 정상인 엄마에게 전화를 걸어 신나게 자랑합니다.

"우리 아들이 얼마나 대견한지 아세요? 얼마나 정신없이 공부만 하는지 모릅니다."

그러면 정상인 엄마도 불끈 열이 받아서 아이에게 말합니다.

"애야, 너도 정신 차리고 공부 좀 열심히 해!"

도리어 엄마는 자녀가 비정상으로 살아가도록 재촉합니다.

좀 더 여유를 가지고

우리가 지금 이렇게 하고 있습니다. 이렇게 비정상적인 상태를 장려하는 지경에 도달해 있습니다. 예수를 믿지 않는 사람들은 이런 상황을 십분 이해합니다. 왜냐하면 이 세상의 영광밖에 모르기 때문입니다. 그러나 우리는 달라야 합니다. 하나님을 알고 천국을 알고 있는 우리가 세상에 목숨을 건다면 그것은 큰 문제가 아닐 수 없습니다. 천국을 아는 사람인데도 공부에 목숨을 걸고, 내내 공부 잘해야 한다고 강조하느라 "엄마 아빠는 옛날에 영어단어가 안 외워지면 사전도 씹어 먹었단다"라는 얘기까지 서슴지 않는다면 그 부모를 믿음을 가진 정상적인 부모라고 할 수 있을까요? 사전 씹어 먹고 영어 단어 하나라도 더 외워진 사람이 있으면 나와보세요? 괜히 뱃속만 놀랐을 것입니다.

부모나 선생님이나 우리 아이들을 좀 더 여유를 가지고 바라보시기 바랍니다. 급한 마음을 내려놓고 아이들을 바라보시기 바랍니다. 그럴 때 우리의 아이들이 지극히 정상이라는 것을 인정하게 되고 그 상황에 맞게 대우할 수 있습니다. 학교 다녀오면 피곤하니까 조금 자기도 하고, 자고 일어나면 배고프니까 음식을 먹어야 하고, 밥 먹자마자 책상에 앉아 공부하면 체하니까 쉬면서 잠시 TV를 볼 수도 있는 것입니다. 물론 아이도 TV를 30분 이상 볼 생각이 없습니다. 왜냐하면 그것이 과도한 소망이라는 것을 아이도 이미 잘 알고 있기 때문입니다. 그래서 오래 보라고 해도 보지 않습니다. 우리는 우리 아이들을 여유를 가지고 지켜봐주어야 합니다. 우리 아이들이 정상적인 리듬을 유지하며 균형 있게 성장해가면서 공부할 수 있도록 지지해주고 도와주는 것이 부모의 책임이기 때문입니다.

개성 교육을 위한 부모의 책임

모든 사람이 똑같은 직업을 가질 수는 없습니다. 각자 받은 달란트가 다르기 때문입니다. 부모는 그 사실을 솔직히 인정해야 합니다. 따라서 부모는 우리 아이들이 전부 틀리다는 사실부터 먼저 인정하시기 바랍니다. 아이들이 다 다르다는 말은 우리 하나님이 어마어마한 능력의 소유자이자 창조주이시라는 말과 같습니다.

멀리 외국에 나가지 않더라도 한국의 자연을 둘러보십시오. 하나님이 얼마나 아름답게 만드셨는지 모릅니다. 세계적으로 다녀보십시오. 우리나라에도 아름다운 곳이 많습니다만 세계에는 직접 보기 전에는 상상조차 할 수 없을 정도로 아름다운 곳이 많습니다. 하나님은 그런 창조주 하나님이십니다. 하나님이 비록 혈액형은 몇 가지로 구분하셨지만 개개인은 전부 다르게 창조하셨습니다. 즉, 우리 아이들은 모두 다 각자 하나님의 계획하심 아래 태어났고 개성이 있다는 것입니다. 정말로 모든 아이들에게는 개성이 있습니다.

그러면 이렇게 다양한 개성을 가진 자녀를 길러야 할 부모의 책임은 무엇일까요? 부모의 책임은 자신의 꿈을 아이들을 통해서 이루려 하지 말고 아이들에게 주어진 하나님의 계획이 무엇인가를 고민하는 것입니다. 당신의 자녀에게는 하나님의 독창적이고 남다르고 고유한 계획이 있다는 말입니다. 우리의 계획이 아니라 하나님의 계획이 있습니다. 부모는 내 자녀를 향한 하나님의 계획이 무엇인지 알도록 고민해야 합니다. 부모가 정한 계획대로 자녀를 양육하려는 고집만 버리면 그 가정에는 화목이 찾아옵니다. 아이들마다 하나님의 계획이 다르게 존재한다는데 도대체 부모들이 왜 그 난리인지 모르겠습니다.

요즘 프로축구, 프로야구, 프로골프 등 프로 운동선수들의 주가

가 상종가입니다. 그런 운동선수들이 공부를 잘했을 것 같습니까? 물론 더러 잘한 사람도 있겠지만 대부분 우리나라의 운동선수들은 운동 연습하느라 공부할 시간이 없어서 공부를 잘 못했습니다. 요즘 아이들은 이런 프로선수들을 보면서 반드시 공부만 잘한다고 돈을 많이 버는 것은 아니라는 사실을 이미 잘 알고 있습니다.

창의력과 창작과 개성의 시대

이 세상에는 공부 못하는 아이는 없습니다. 공부 안 하는 아이들만 있습니다. 그런데 저 아이는 왜 공부를 안 할까 하고 생각을 해보니까 그 아이들의 스케줄이 몹시 바쁩니다. 남자 친구, 여자 친구 많이 만들어서 친구 만나러 다니느라 바쁩니다. 일찌감치 이성 친구를 만들어 두지 않으면 요즘 세상에 노처녀나 노총각이 되기 십상이라서 그렇습니다.

또 세상에서 배울 것은 좀 많습니까? 노래도 배워야 합니다. 노래방 갈 일이 많은데 만날 옛날 노래만 부를 수 있습니까? 최신 노래도 배워야지요. 더욱이 요즘 노래 가사는 외우기도 쉽지 않습니다. 옛날에는 템포도 느렸지만 요즘엔 랩이다 뭐다 해서 재잘거리는 통에 보통 머리로 가사가 외워지지도 않습니다. 게다가 영화 봐야지, 텔레비전

드라마 봐야지, 할 일이 너무 많습니다. 또 요즘 아이들은 무척 성경적으로 삽니다. 하나님이 "네 지경을 넓히라"라고 하셨으니 다른 교회와 다른 학교에 다니는 아이들까지 만나러 다닙니다. 그러니 도무지 공부할 시간이 없는 것입니다.

그런데 반대로 공부하는 아이들은 공부, 과외, 학원, 이 세 가지 외에는 하는 일이 없습니다. 사회생활을 해본 어른들은 다 아는 사실이지만 사회생활은 지경을 넓혔던 아이들이 잘합니다. 특히 비즈니스는 지경을 넓혔던 아이들이 정말 탁월하게 잘합니다.

그러면 사장이나 간부는 누가 할까요? 바로 지경을 넓혔던 아이들이 하게 됩니다. 그 다음에 그 아이들이 누구를 데려다 쓸까요? 공부 잘했던 아이들을 데려다 씁니다. 그러면 나중에 상사가 될 아이를 보면서 함부로 대하면 안 되잖아요. 그래서 저는 공부 잘하는 아이들에게 이렇게 가르칩니다.

"공부 잘하는 아이는 언제나 공부 못하는 아이들을 섬겨라. 왜냐하면 장래 네 상사가 될 사람이니까!"

물론 공부 잘하는 아이들이 필요합니다. 의사는 공부 잘하는 아이가 해야 좋지 않겠습니까? 만날 지경을 넓혔던 아이가 의사가 된다면 돌아다니느라 수술할 시간도 없을 것입니다. 검사도 두뇌가 비상하게 돌아가고 냉철한 판단력이 필요한 만큼 평소 공부를 잘했던 사람이 하는 것이 좋습니다. 그러나 세상에서는 각종 분야의 사람이 다 필요합니다.

물론 근대 한국 사회에서 공부 잘하는 사람들이 성공하고 높은 자리를 차지하며 돈도 많이 버는 경우가 많았습니다. 하지만 생각해 보십시오. 사실 근대 한국 사회에서 정말 큰 부(富)를 일군 사람들은 대개 공부 잘해서 높은 자리에 오른 사람이라기보다는 사업 기질을 잘 발휘해서 지경을 넓힌 사람들이 아니었습니까? 공부로만 승부하리라는 것은 우리의 인간적인 생각입니다. 공부 지상주의가 우리 아이들을 망가뜨리고 있습니다. 공부만 강조하는 현실이 아이들의 창의력을 무너뜨리고 있습니다.

앞으로는 창의력과 창작과 개성의 시대가 옵니다. 하나님께서 주신 끼를 발산할 수 있는 아이가 성공할 수 있습니다. 그러려면 가정교육이 가장 중요합니다. 학원이 아닌 학교교육이 중요하고 교회교육도 중요합니다. 그러나 교회는 시간적으로 교육할 시간이 그리 많지 않습니다. 따라서 가정교육의 중요성은 아무리 강조해도 지나치지 않습니다. 가정은 아이들을 향한 하나님의 계획과 개성을 가장 잘 살려줄 수 있는 장(場)이기 때문입니다.

하나님의 계획도 없고 개성도 없는 아이는 이 땅에 존재하지 않습니다. 그런데 그것을 가정에서부터 부모가 가장 먼저 막고 있습니다. 아이들의 개성에 힘이 있다는 것을 믿고 기다려줄 줄 아는 여유가 없기 때문이지요. 그러나 여유가 없으면 교육은 이루어지지 않습니다. 잊지 마십시오. 여유는 믿음이 있어야 생겨나고 여유가 있어야 교육이 이루어집니다. 하나님을 믿으십니까? 좀 더 확실히 믿어보십시오. 하나님을 믿었으면 이 세상을 믿지 마십시오. 내 자녀는 하나님의 사람답게 키우겠다고 결심하시기 바랍니다.

열혈링크 목사의 신본주의 자녀교육법 3

1. 부모가 자녀의 일을 대신해주는 것은 자녀를 바보로 만드는 지름길이다.

부모가 지나치게 자녀의 모든 것을 대신해주다보면 자녀는 정신적으로 더 자라지 않고 계속 아이로 머물러 있게 된다. 자녀가 웬만큼 컸는데도 부모가 자녀의 일을 일일이 대신해준다면 그것은 자녀를 바보로 만드는 일이 되고 말 것이다. 스스로 수저를 들 수 있는 나이가 되었는데도 여전히 밥 위에 반찬을 놓아주는 일을 당장 그치라. 혼자서 밥을 먹지 않겠다면 밥그릇을 빼앗아라. 한 끼 굶는다고 죽지 않는다.

2. 여유를 가져야 자녀와 자연스런 대화를 나눌 수 있다.

자녀교육에서 안달은 금물이다. 자녀교육에서 쌍방소통이 되려면 자녀의 눈높이에서 기다려줄 줄 알아야 한다. 여유를 가지고 아이들과 관계를 맺으면 그때부터 가정에서 대화가 가능해진다. 대화의 비결은 자유로워야 한다는 것이다. 자유로운 분위기 속에서만 원활하고 충분한 대화가 이루어진다. 이런 여유를 가진 부모에게 자녀와의 의사소통 단절이란 없다.

3. 나이에 맞게 자녀에게 합당한 결정권을 주라.

자녀가 성장해감에 따라 그 나이에 걸맞은 결정권을 주는 것이 좋다. 자녀가 여섯 살, 일곱 살, 여덟 살이 되었다면 그 나이에 맞게 결정권을 주라. 사람이란 그렇게 차근차근 배워가는 존재이다. 자신이 결정을 잘못 내렸으면 실패도 맛보고 망신도 당하는 것이 옳다. 어른스러운 결정을 내릴 수 있을 때까지 계속 훈련해야 한다.

4장 공부 달란트만이 달란트는 아니다

> 반드시 공부해야 되는 아이들이 있습니다. 그 아이들은 공부해야 합니다.
> 다른 것을 하고 싶다는 생각이 들 때도 있을 텐데 그럴 때는 그 생각을 막아주어야 합니다.
> 반대로 공부 말고 다른 것을 해야 하는 아이들이 있습니다.

피는 못 속인다

내 자녀를 하나님의 사람답게 양육하겠다고 하고서 아직까지도 매일매일 "공부, 공부, 공부하라!"고 공부만 강조하는 부모가 얼마나 많은지 모릅니다. 그러면 부모가 만족할 만큼 공부 잘하는 자녀는 과연 몇 명이나 될까요? 부모가 100명쯤 모인다면 "내 아이의 성적에 그런대로 만족해"라고 하는 부모가 한두 명쯤 있을 것입니다. 이렇게 간혹 공부 잘하는 아이들이 있기는 합니다만 대다수의 자녀들은 성적이 보통 수준입니다.

저는 미국의 한 집회에서 SAT(우리의 '수능시험'과 비슷한 '미국 대학 입학을 위한 학습능력적성시험') 만점을 받았다는 그 교회 교인의 자녀를 만난 적이 있습니다. 교인들은 그 학생이 지역 텔레비전에도 출연했다면서 마치 자기 자식 일처럼 기뻐하며 자랑했습니다. 그러나 그 학생이 공부를 잘하는 데는 다 이유가 있었습니다. 학생의 부모가 공부를 잘했기 때문입니다. 피는 속일 수 없습니다. 공부는 달란트입니다. 지금 당신의 자녀가 공부를 못한다면 거기에는 다 이유가 있습니다. 터놓고 말해서 부모가 공부를 못했기 때문이지요.

그런데도 보통의 가정에서 부모와 자녀가 나누는 대화에는 변함이 없습니다.

"엄마, 이거 참 맛있어요."

"그래, 어서 먹고 공부해라."

결론은 그저 공부하라는 것입니다. 대부분의 부모가 공부를 못해서 이미 공부에 한이 맺혔습니다. 그래서 자기 자식이라도 공부를 좀 잘했으면 좋겠다고 바라는 것입니다. 자신이 공부 못해서 받은 설움을 자식은 받지 않고 잘 살기 바라서 공부하라고 다그치는 것이지요. 하지만 부모가 공부를 잘했던 집안은 그러지 않습니다. 조금씩 쉬어가면서 하라고 격려합니다. 공부가 얼마나 어려운지, 그 부모가 잘 알기 때문입니다. 따라서 유난히 공부를 심하게 시킨다 싶으면 대개 부모가 공부를 못했다고 봐도 좋습니다.

의사는 의대 공부가 어려웠다고 말합니다. 의대 공부가 쉬웠다고 하는 사람은 가짜입니다. 아무리 실력이 탁월한 의사라도 공부하는 과정은 힘들고 어려웠다고 말하는 것이 정상입니다. 쉽게 공부한 의사는 진정한 의사가 될 수 없습니다. 피가 마르도록 어려운 것이 의사가 되는 공부입니다. 따라서 의사는 대개 자기 자식들에게 "너는 꼭 의사가 되어야 한다!"라고 말하지 않습니다. "네가 하고 싶다면 해봐라"라는 정도로 말합니다. 얼마나 어려운지 자신이 해봐서 잘 알기 때문입니다. 저도 세상에서 공부가 제일 어려웠습니다. 공부는 쉬운 것이 아닙니다. 흔히 부모들이 이런 말을 하지요.

"엄마가 다 해주고 공부만 하면 되는데 그것도 못하느냐?"

그러면 저는 이렇게 말합니다.

"그럼 직접 해보세요. 제가 밥도 하고 청소도 하고 다할 테니 공부 한번 해보세요!"

공부 달란트

공부가 얼마나 어려웠는지 다들 기억하지 못하시는 것 같은데, 재미있는 사실은 한국의 부모님 중에서 공부를 못했다고 말하는 사람이 거의 없다는 것입니다. 너무 흥미로운 현상입니다. 하나같이 공부는 잘했는데 집안 형편이 어려워서 공부를 계속하지 못했다고 한다는 것입니다. 아무리 지난 시절이 어려웠다고 한들 그중에 먹고 살 만했던 사람이 없었겠습니까? 그런데도 예외 없이 다 집안 형편이 어려워서 대학에 못 갔다고 하지요. 부모가 정직하지 못하면 자식의 마음을 열 수 없습니다. 그런데도 자식 앞에서 정직하지 못할 만큼 부모는 공부에 관한 한 심각한 열패감에 사로잡혀 있다고 볼 수 있습니다.

부모는 자식 공부를 시키라고 태어난 사람이 아닙니다. 하나님께서 이 땅에 우리의 자녀들을 보내셨을 때에는 하나님의 엄청난 계획과 함께 그 계획을 이룰 수 있는 달란트를 허락하셨음을 기억하십시오. 우리 아이들은 귀하고 아름답고 어느 누구도 따라올 수 없는 달란트의 소유자들입니다. 그런데 부모는 공부만 하라고 합니다. 이 세상에는 대략 3만 개나 되는 직종이 있습니다. 그러나 부모는 그중에서 변호사, 의사, 디자이너, 엔지니어 등 고작 서너 개 정도만 알고 있는 사람들 같습니다.

자기 자녀에게 "너는 꼭 의사가 되어라. 의사가 얼마나 좋은 직업인지 아느냐?"라고 쉽게 말하는 부모가 있습니까? 그렇다면 그 부모는 의사가 되기 위해 어떤 각고의 노력을 기울여야 하는지 모르는 분입니다. 모름지기 얼마나 투철한 사명 의식을 가져야만 올바른 의술을 펼칠 수 있는지 전혀 모르는 것입니다. 의대 근처에는 가보지도 못한 사람입니다. 결과만 놓고 그 직업을 평가해서는 안 됩니다. 물론 의사가 필요합니다. 의사가 될 사람은 의사가 되어야 합니다. 제가 선교를 다녀보니까 의료 선교가 단연 최고로 좋았습니다. 그렇지만 우리 아이들이 전부 다 의사가 될 수는 없습니다. 우리 아이들 중에는 대학에 갈 필요가 없는 아이들도 있습니다.

머리카락만 잘 잘라도 성공한다

제가 상담한 학생 중에 뭐든지 자르면 예술이 되는 탁월한 손재주를 가진 여학생이 있었습니다. 여학생들만 오면 마사지 해주고, 커트 해주고, 고데 해주는 통에 인기가 좋았습니다. 하지만 이 여학생은 고등학교 졸업도 어려울 만큼 공부를 못했습니다. 누가 보더라도 이 여학생은 공부가 아니라 뛰어난 손재주를 발휘할 수 있는 분야로 진출하는 것이 적성에 맞겠다고 생각되었습니다.

제가 보기에도 딱 그랬습니다. 저는 적극적으로 그 여학생의 부모님께 말씀드렸습니다.

"집사님, 따님은 대학 보내지 맙시다. 걔는 대학 가서는 안 됩니다."

그러나 불신자인 아버지는 저의 본뜻을 오해하여 노발대발했습니다. 미국에서는 고등학교 졸업장만 있으면 돈 내고 대학에 갈 수 있습니다. 그런데 그렇게 들어가서 대학 다니면 뭐합니까? 재미없어서 열심히 안 할 테고 더 힘들어져서 전혀 행복하지 않을 텐데 말입니다.

그 여학생을 빛나게 하는 것은 다른 사람들을 아름답게 해주는 일이었습니다. 마사지 해주고 커트 해주면서 도리어 얼굴에서 빛을 내는 사람, 그럴 때 가장 행복해지는 그 여학생을 무슨 수로 말릴 수 있겠습니까? 단어 하나도 제대로 외우지 못하던 여학생이 어느 회사의 무슨 샴푸가 어떤 어떤 성분 때문에 좋다고 줄줄줄 소개할 수 있을 때에야 그 일을 얼마나 좋아하고 얼마나 재미있어 하는지 간파할 수 있는 일이지요.

여학생 아버지의 반대에 부딪힌 지 6개월이 지났을 때, 저는 더 이상 이렇게 지체해서는 안 되겠다는 생각이 들었습니다. 저는 다시 그 집을 찾아가기 시작했습니다. 밤 11시, 12시, 새벽 1시에도 계속 찾아가 설득하기를 수차례, 끝내 학생의 아버지도 두 손을 들고 말았습니다. 저는 그 학생이 좋아하는 일을 할 수 있게 미용학교에 진학하도록 도왔습니다. 그 학생은 미용학교를 수석으로 졸업했습니다. 항상 꼴찌만 하던 아이가 생전 처음 수석이라는 것을 해본 것입니다.

지금 20대 초반인 그 학생이 어떻게 되었을까요? 미국 동부의 어느 도시에서 큰 뷰티숍을 운영하는데 종업원이 여덟 명이나 됩니다. 그 도시에서 가장 부유하다는 부인네들이 원장 선생님한테 머리를 맡기겠다고 2시간 이상 군소리 없이 기다린다고 합니다. 잠깐 동안 머리 손질 해주고 받는 돈이 어마어마하답니다. 지금 그 제자가 후원하는 선교사가 10명입니다.

이 여학생의 인생은 누가 뭐래도 아름다운 인생입니다. 일단 본인이 기쁘고 좋아하는 일을 하니까 행복하고, 자기가 사장이니까 교회사역을 도울 때나 부흥집회가 열릴 때에도 자유롭게 다닐 수 있고, 1년에 두 차례씩 나가는 선교 여행지에서 미용봉사로 현지인들의 머리까지 깎아줍니다. 이만한 인생을 실패했다고 말할 수 있을까요? 물론 그 학생은 대학 근처에도 못 가봤습니다. 그러나 그의 인생은 절대 실패가 아닙니다. 아름다운 인생을 살고 있습니다.

그렇지만 만일 그 학생이 정말 공부해야 하는 사람이었다면 현재 선교사 10명을 후원하고 있더라도 실패했다고 보아야 합니다. 결과로 드러난 성과가 아니라 하나님의 계획과 하나님이 주신 달란트를 가지고 순종했느냐 아니냐가 가장 중요하기 때문입니다.

반드시 공부해야 되는 아이들이 있습니다. 그 아이들은 공부해야 합니다. 다른 것을 하고 싶다는 생각이 들 때도 있을 텐데 그럴 때는 그 생각을 막아주어야 합니다. 반대로 공부 말고 다른 것을 해야 하는 아이들이 있습니다. 그 역시 귀합니다. 부모님은 반드시 이 점을 기억하시기 바랍니다. 공부가 더 높은 가치를 점하고 있다는 생각을 버리십시오. 운동, 남다른 손재주, 그림, 노래를 잘하는 것이 공부를 잘하는 것과 똑같이 소중하다는 것을 분명히 인식하시기 바랍니다.

대학이 인생의 목표?

저는 주로 미국에서 정말 한없이 헤매는 아이들, 가출을 일곱 번 이상 하고 갱이 되거나 아니면 일찌감치 감옥에 갔다 온 아이들을 상대로 사역했습니다. 한인(韓人) 부모를 둔 청소년으로 뉴욕에 그리고 LA에 수감되어 있는 청소년의 수가 얼마나 되는지 아신다면 정말 깜짝 놀라실 것입니다. 이런 청소년들을 상대로 사역하려면 돈이 많이 듭니다. 이런 청소년들은 대개 총이나 칼, 마약도 상용하기 때문에 절대로 일대일로 상대해서는 안 됩니다. 따라서 자원봉사 인력도 상당수 필요합니다. 사역을 지원하기 위해 40~50명의 인력이 5박6일 정도 함께 기거하고 또 이동하려면 상당한 자금이 필요하지요. 처음 이 사역에 투신했을 때 저는 개인적으로 모은 돈까지 죄다 긁어모아 사용했습니다. 그렇지만 나중에는 거듭난 청년들이 "목사님, 이 사역에 써주세요"라며 너나없이 지원하기 시작했습니다.

저의 제자들 중에 문제가 있는 청소년들만 있었던 것은 아닙니다. 공부 잘해서 하버드나 MIT를 나와 지극히 정상적으로 직장생활을 잘하고 있는 모범적인 청년들도 있습니다. 하지만 제 사역의 후원자들은 그런 학생들이 아니었습니다. 비록 갱이었고 감옥에 다녀왔지만 거듭나서 이 사역의 귀중함을 깨닫고 지원하는 제자들, 공부 못하고 많은 문제까지 안고 있었지만 이 사역을 통해 자기 달란트를 발견한 아이들, 비록 대학에 가지 못했지만 이런 청년 한두 사람이 저의 사역을 솔선하여 지원하기 시작했던 것입니다.

대학에 가는 것은 인생의 목표가 아닙니다. 대학은 인생의 과정일 뿐입니다. 대학에 가지 않고도 잘 살 수 있습니다. 앞으로는 대학 안 가도 먹고사는 데 전혀 지장 없는 사회, 끼가 있고, 자기 개성이 있고, 자기 달란트를 제대로 발휘할 수 있는 그런 사회가 될 줄로 믿습니다. 물론 아직까지는 그런 사회가 이루어지지 않았습니다. 우리는 지금도 여전히 학벌을 중요하게 여기는 사회에서 살고 있습니다. 그러나 바로 그렇기 때문에 우리가 하나님을 믿어야 합니다. 우리가 하나님의 사람으로 온전케 되면 하나님께서 우리를 사용해주십니다. 이 점을 기억하고 용기를 얻으시기 바랍니다.

열혈탱크 목사의
신본주의 자녀교육법 4

1. 공부가 힘든 것을 이해하는 부모가 되라.

자녀의 머리는 부모를 닮는다. 따라서 자녀가 공부 못하는 것은 부모 탓이 크다. 자녀에게 무조건 공부 잘하라고 윽박지르는 것은 교육적 효과도 없거니와 자녀의 반발을 사기가 쉽다. 부모가 공부를 잘했던 사람들은 공부가 얼마나 어려운지 이해한다. 공부가 힘들다는 점을 이해하고 격려하는 자세로 권면하는 부모가 되라.

2. 자녀는 판검사나 의사만 되려고 세상에 태어난 것이 아니다.

하나님의 달란트 목록에는 판검사나 의사만 있는 것이 아니다. 이 세상에는 3만 개가 넘는 직종이 있다. 우리 자녀들에게는 하나님께서 주신 고유한 달란트가 있다. 부모는 그것을 개발해주는 사람이 되어야 한다. 공부만이 최고의 달란트가 아니다. 운동, 남다른 손재주, 그림, 노래 잘하는 것이 공부 잘하는 것과 똑같이 소중하다는 것을 분명히 인식하는 부모가 되라.

3. 대학 진학이 인생의 목표는 아니다.

대학은 인생의 과정일 뿐이다. 대학에 가지 않고도 잘 살 수 있다. 앞으로는 대학 안 가고도 먹고사는 데 전혀 지장 없는 사회, 끼가 있고, 자기 개성이 있고, 자기 달란트를 제대로 발휘할 수 있는 그런 사회가 도래할 것이다. 가장 중요한 것은 우리 자녀를 세상을 제압하는 신앙인으로 키우는 것이다. 그러면 똑바른 정신으로 세상을 살아갈 뿐만 아니라 세상에 꼭 필요한 사람이 된다.

부모가
변하든지

자녀를
망치든지
둘 중에
하나를
선택하라

부모의 행실이 엉망인데 거기서 단정한 자녀가 나온다는 것은 있을 수 없는 일입니다.
결국 부모가 변하든지 자녀를 망치든지 선택은 둘 중 하나입니다.
자녀를 망치느니 부모인 내가 변하는 것이 낫다고 결심하십시오. 내가 변해서 내 자녀를 살리겠다고 결단하십시오.
잘 산다는 것이 무엇입니까? 잘 사는 것은 하나님 보시기에 합당하고 아름답게 사는 것입니다.

PART **2**

5장 부모가 먼저 하나님의 사람으로 솔선수범하라

부모의 위선적인 모습에 괴로워하는 자녀들이 많다는 것을 부모 된 분들이 분명히 알 필요가 있습니다.
부모님이 먼저 회개하고 변화되어야 합니다. 먼저 하나님 앞에 무릎을 꿇어야 합니다.
그렇지 않다면 우리 아이들은 계속 죽어갈 수밖에 없습니다.

교육의 핵심 목표

"하나님의 사람으로 온전케 하며 모든 선한 일을 행하기에 온전케 하려 함이니라"(딤후 3:17).

가장 중요한 것은 우리 자녀가 하나님의 사람이 되는 것입니다. 하나님의 사람으로 온전케 되는 것, 선한 일을 감당하기에 온전하도록 키우는 것, 그것이 우리 교육의 목표입니다. 우리의 목표는 자녀를 서울대에 보내는 것이 아닙니다. 우리의 목표는 자녀를 유학 보내는 것도 아니고 우리의 목표는 이 땅에서 잘 먹고 잘 사는 것도 아닙니다. 우리의 목표는 내 자녀를 하나님의 사람으로 온전케 만드는 데 있습니다. 이렇게 하면 그 외에 모든 것은 주께서 더해주실 것을 믿으시기 바랍니다.

이 땅에서 사는 동안 우리는 노후대책을 세워가며 노인이 되었을 때 어떻게 살아갈 것인지 준비합니다. 그런데 어쩌자고 영원한 삶을 위한 준비는 등한시합니까? 영원한 삶을 위해 무엇을 준비하고 있습니까? 우리는 이 땅에서 길면 팔십, 좀 더 길면 구십 세의 명(命)을 다하고 죽습니다. 백수를 넘기는 사람은 그리 많지 않습니다. 그런 다음 우리는 영원한 곳으로 갑니다. 그때 천국에 턱걸이로 들어가시겠습니까? 아니면 하나님께 칭찬받는 종으로 가시겠습니까?

하나님의 사람으로 온전케 하며 모든 선한 일을 행하기에 온전하려면 우리는 반드시 자녀에게 성경을 가르쳐야 합니다. 21세기에도 말씀만이 우리를 변화시킬 수 있습니다. 시대가 변했고 문화가 변했고 아무리 사람들이 변했다고 해도 변하지 않는 것이 하나님의 말씀입니다. 하나님의 말씀만이 우리 자녀를 똑바로 양육하도록 지도할 수 있습니다. 모든 성경은 하나님의 감동으로 된 것으로 교훈과 책망과 바르게 함과 의(義)로 교육하기에 유익합니다. 따라서 우리는 말씀을 가르쳐야 합니다.

우리 자녀에게 말씀대로 살라고 가르치고 있습니까? 교과서를 1시간 보면 단 10분이라도 성경을 읽도록 가르치는 부모가 몇이나 됩니까? 지금 당신의 성경이 집안 어디에 있습니까? 책장에 고이 모셔두었다가 주일이 되면 슬그머니 가방에 넣어가지고 교회로 오는 것은 아닙니까? 그런 식이라면 10년이 가도 성경을 다시 사지 않아도 됩니다. 한 번 사서 전혀 보지 않는 성경은 장식품입니까? '요한복음'을 펴라고 해도 헷갈려 하고 '미가', '나훔'이 성경책 이름인지도 모를 정도로 성경을 읽지 않는 사람이 어떻게 자녀에게 말씀을 가르칠 수 있겠습니까?

손자에게 말씀을 읽어주는 할머니할아버지, 자녀에게 말씀을 가르치는 부모로부터 가정이 회복되는 역사가 일어납니다. 말씀만이 우리의 아이들을 변화시킬 수 있습니다.

영향력 1위의 부모

자녀는 절대적으로 부모의 관심과 사랑을 필요로 합니다. 그렇지만 겉으로 보기에는 내 자녀가 부모의 관심과 사랑을 그다지 필요로 하지 않는 것 같습니다. 대개 부모는 우리 아이가 친구밖에 모른다고 생각합니다만 그렇지 않습니다. 1만 명의 청소년들을 대상으로 "자신에게 가장 큰 영향을 끼친 것은 무엇입니까?"라고 질문했을 때 5위가 TV, 영화, 책과 같은 대중매체, 4위가 친구, 3위가 선생님 또는 목사님, 2위가 친지 어른들이라는 결과가 나왔습니다. 1위는 부모님이었습니다. 그 정도로 우리 자녀는 부모님을 주목하고 있는 것입니다.

알코올 중독자 아버지, 엄마를 때리는 아버지 밑에서 자란 아이들은 이를 갈면서 나는 절대로 저렇게 살지 않겠다고 다짐합니다. 그러나 그중 3분의 2가 알코올 중독자가 되고 아내를 구타하는 남편이 된다고 하니 참으로 놀라운 사실입니다. 자녀는 부모에게 보고 배운 대로 따라하게 되어 있습니다. 정말 무서운 이야기입니다. 그만큼 자녀에게 끼치는 부모의 영향력은 대단합니다.

부모의 행실이 엉망인데 거기서 단정한 자녀가 나온다는 것은 있을 수 없는 일입니다. 결국 부모가 변하든지 자녀를 망치든지 선택은 둘 중 하나입니다. 자녀를 망치느니 부모인 내가 변하는 것이 낫다고 결심하십시오. 내가 변해서 내 자녀를 살리겠다고 결단하십시오. 잘 산다는 것이 무엇입니까? 큰 집에 좋은 차를 굴리면서 사는 것입니까? 그것은 부자로 사는 것이지 잘 사는 것이 아닙니다. 잘 사는 것은 하나님 보시기에 합당하고 아름답게 사는 것입니다.

개인적으로 저는 욥에 대한 말씀을 읽을 때마다 큰 도전을 받습니다. 하나님께서 욥에 대하여 뭐라고 말씀하셨습니까? 그와 같이 순전하고 정직하여 하나님을 경외하며 악에서 떠난 자를 세상에서 볼 수 없으리라고 하셨습니다. 그러자 사탄이 진정으로 하나님을 섬기는 사람이 어디 있는가, 욥 역시 까닭 없이 하나님을 섬기는 것이 아니라고 말했습니다. 그때에도 하나님은 자신 있게 사탄에게 욥을 내맡기실 만큼 욥을 믿으셨고 욥에게 기대하셨습니다. 그만큼 하나님께서 기대하시는 하나님의 아들딸로 우리의 자녀를 키우려면 부모가 먼저 바로 서야 합니다. 절대 위선적으로 살아서는 안 됩니다.

요즘 우리 주위에는 경제적으로 어려운 분들이 많습니다. 괴로움을 이기지 못해 술을 마시는 분들도 많습니다. 그런데 하나님을 믿는다고 하는 사람이 힘들고 괴롭다고 해서 세상사람들과 똑같이 문제를 술로 해결하려고 든다면 어떨까요? 유치부 어린이들의 눈에 비친 그런 아빠의 모습은 아이들이 나누는 대화를 통해 고스란히 폭로되곤 합니다.

"우리 아빠는 정말 술을 잘 마셔."

"너희 아빠도 술 잘 마셔?"

"우리 아빠는 어젯밤에 술 많이 마시고 뻗었어."

그런 모습을 보면서 자라는 우리의 어린 자녀에게 기독교 가정교육을 강조할 수 있습니까? "하나님의 말씀대로 살아라", "온전케 살아라", "하나님의 마음에 합하게 살아라!" 이런 부모의 훈계가 귀에 들리겠습니까? 표리가 부동한 부모의 말에 어떻게 힘이 실릴 수 있겠습니까?

백척간두에 선 교회교육의 현실

오늘날 우리는 물질적으로 너무나 풍성한 삶을 살고 있습니다. 그러나 한 아이가 하나님이 보시기에 아름다운 인생으로 자라나기에는 너무나 어려운 환경의 시대입니다. 담배처럼 손쉽게 마약을 살 수 있는 세상입니다. 청소년과의 성관계가 버젓이 이루어지는 세상입니다. 마리화나를 담배처럼 피우는 사람들이 존재하는 세상입니다. 많은 사람들이 잘못된 가치관 속에서 흔들리고 있습니다.

이런 문제를 어떻게 부모가 해결할 수 있겠습니까? 이것은 인간이 해결할 수 있는 문제가 아니에요. 예수님과 만나지 않으면 해결될 수 없는 문제입니다. 그러면 부모가 해야 할 일은 무엇입니까? 기도해야 합니다. 기도도 하지 않고 만날 청소년 사역자만 탓하거나 교사만 책망하지 마십시오. 학생의 장래를 생각하여 진지하게 혼을 내면 항의 전화만 빗발치는 경우가 비일비재합니다. 감사할 줄 모릅니다.

지금 학교나 교회에서 우리의 자녀를 맡고 있는 선생님의 이름들은 다들 알고 계십니까? 그 선생님께 감사하다는 인사를 전한 적이 있습니까? 밥 한 끼 대접해보신 적이 있습니까? 혹시 선생님의 이름도 얼굴도 모르는 분이 계시다면 회개하시기 바랍니다. 요즘 같으면 이 세상에 주일학교 교사처럼 힘든 일도 없다는 생각이 듭니다. 가정에서 부모님 말씀도 듣지 않는데 교회에 왔다고 해서 선생님 말을 잘 듣겠습니까? 앞에서나 선생님이라고 그러지 속으로는 선생님 대접도 하지 않습니다.

학생들은 그렇다 치고 어떤 직분자는 자녀를 교회학교에 보내지도 않는 경우가 있는데, 그러면 그 아이는 주님을 만날 수 없습니다. 그 아이는 틀림없이 실패합니다. 저는 지금 그 아이가 좋은 대학에 못 들어간다는 이야기를 하고 있는 것이 아닙니다. 제가 말하는 성공과 실패는 그런 것이 아닙니다. 저는 일류대학에 가는 것, 변호사나 의사가 되는 것을 성공이라고 생각하지 않습니다. 그 아이가 하나님의 계획 속에서 순종하는 삶을 사는 것, 그것만을 성공이라고 생각합니다. 그 외에 다른 모습은 전부 실패입니다.

저는 자기 자녀가 일류대학에 다닌다고 자랑하는 부모의 모습은 전혀 부럽지 않습니다. 그러나 자녀와 함께 신앙을 나누며 살아가는 부모, 그 자녀가 변화되어 주님을 만나고 주님과 인격적인 관계를 누리며 살아간다고 전하는 부모의 이야기를 들으면 그 부모가 한없이 부럽습니다. 그런 부모님이야말로 위대하다고 생각하고 존경합니다.

변화되지 않는 아이의 진짜 이유

하나님께서는 저에게 세 가지 큰 복을 주셨습니다.

첫째, 제 사역지에 늘 부흥의 은혜를 주셨습니다.

둘째, 그 부흥의 현장에 제 갈 길을 찾지 못하고 완전히 헤매던 불신자 청소년들이 있었다는 것입니다.

셋째, 제가 만난 학생의 대다수가 변화되었습니다.

변화되지 않던 소수의 학생 중에 제가 사역하던 교회의 장로님 아들이 있었습니다. 제가 3년간 기도하면서 별별 노력을 다해도 변화되지 않아 너무나 안타까워했던 학생입니다. 저와 개인적으로 잘 통하고 잘 놀았지만 결과적으로 예수를 믿지 않았습니다. 이유는 두 가지였습니다.

자신은 아버지를 믿을 수가 없다는 것입니다. 교회에서는 인자하고 거룩한 장로님이지만 집에 들어오면 돌변하는 아버지를 믿을 수 없다는 것이지요. 하나님도 아버지이니 믿지 못하겠다는 말에 저는 너무나 마음이 아팠습니다. 두 번째 이유 역시 아버지가 문제였습니다. 자신의 아버지가 믿는 하나님이라면 자신은 그 하나님을 믿지 않겠다는 것이었지요.

자녀에게 부모의 자리는 이렇게 큽니다. 집안에서 쉽게 교회를 비방하고, 아무렇게나 이야기해서는 안 됩니다. 아이들이 다 듣고 아이들 나름대로 결정을 내립니다.

'아니, 저렇게 싫으면서 교회는 왜 다녀? 저러면서 교회 다니는 게 더 웃기잖아. 그럴 바에야 나는 교회에 안 다녀!'

이런 결심을 하고 명목상 교회에 다니던 청소년 대다수가 대학에 들어가자마자 신앙을 버린다는 사실을 아십니까? 그들은 교회만 다녔지 예수를 만나지 못했습니다. 일찍이 대학만 가면 신앙을 버리겠노라 결심한 상태이기 때문입니다. 그들이 예수님을 만나지 못한 이면에 그들이 지켜보았던 부모의 위선이 깔려 있다는 사실을 자각하기 바랍니다.

교회에서 바라보는 부모의 모습은 너무나 건강합니다. 부모는 예수 안에서 살아가며 "당신은 사랑 받기 위해 태어난 사람"이라고 다른 이들을 축복해줍니다. 그러나 집에 돌아오면 그 즉시 "저것도 장로라고 쯧쯧…. 권사가 뭐 저래!"라며 비난의 소리를 높입니다.

그러면 아이도 속으로 이렇게 생각합니다.

'야, 우리 아버지도 미쳤다. 그러면 아버지 왜 교회에 가지?'

다시 주일이 되고 거룩하게 차려 입은 아빠가 지난주에 실컷 욕한 그 사람을 보면서 반갑게 인사를 건네는 모습을 보면 아이들은 거의 돕니다.

'아, 내가 이런 아버지의 말을 어떻게 믿을 수 있을까?'

그런데 그 부모가 훈계하면 듣겠습니까? 저 같아도 안 들을 것 같습니다. 스스로 '저렇게 살면 안 되겠다' 결심하게 만드는 그런 인생을 사는 사람이 "너는 그렇게 살지 말라"라고 훈계하면 속으로 뭐라고 하겠습니까? '너나 잘하세요!' 라고 하지 않겠습니까? 이렇게 부모의 위선적인 모습에 괴로워하는 자녀들이 많다는 것을 부모 된 분들이 분명히 알 필요가 있습니다.

교회 주보에 헌금위원이니 안내위원이라고 이름을 올린 직분자들이 일주일 동안 구별된 삶을 살지 못하고 토요일 저녁에도 정신 못 차리는 모습을 보면서 아이들은 교회에서 맡은 일은 대충 때우면 된다는 식으로 생각하지 않겠습니까? 심지어 토요일에 집사들끼리 모여 앉아 술 마시고 다음날 교회에서 거룩한 체하는 모습으로 다니는 것을 보는 자녀들이 그 부모에게서 무엇을 배울 수 있겠습니까?

부모의 위선으로 드러나는 사탄의 활동이 우리 아이들을 날마다 좌절시킵니다. 매일 죽이고 있습니다.

교회에 다니면서, 예수님을 믿노라 하면서 세상적인 일에 빠짐없이 온갖 나쁜 짓을 다한다는 부모님 이야기를 되뇌며 괴로워하는 아이들의 고백을 들어보셨습니까? 그 아이들은 아버지처럼, 엄마처럼 살고 싶지 않다고 고백합니다. 아직 인생의 꽃도 피워보지 못한 우리의 아이들이 그런 부모의 위선 때문에 꿈과 소망을 잃어버린다고 생각해보십시오.

교회생활이 신앙생활이 아닌 단순한 종교생활이 되면 그런 부모는 위선적이 될 수밖에 없습니다. 그것은 부모나 자녀뿐만 아니라 모든 사람이 마찬가지입니다. 직분과 교회 봉사만으로는 변화될 수 없습니다. 살아 계신 예수 그리스도와 만나지 않고서는 절대로 변화될 수 없는 것이 교만하고 악하고 타락한 인간 존재입니다. 이 땅에 우리의 아이들을 올바로 양육할 수 있는 방법은 오직 예수 그리스도의 능력밖에 없다는 사실에 동감하십니까? 그렇다면 부모님이 먼저 회개하고 변화되어야 합니다. 먼저 하나님 앞에 무릎을 꿇어야 합니다. 그렇지 않다면 우리 아이들은 계속 죽어갈 수밖에 없습니다.

공부 잘하는 아이가 좋은 아이라는 공식

안타깝게도 교회에서도 예외 없이 크게 잘못 가르치는 것이 있습니다. 공부 잘하는 아이를 무조건 착한 학생이라고 부추기는 일입니다. 그 아이가 성격이 나쁘고 못됐고 다른 사람과 나눌 줄 몰라도 공부만 잘하면 착한 아이이고, 교회에 열심히 출석하고 힘써 일하는 아이이지만 공부를 못한다면 조금 덜 떨어진 아이 취급하는 생각이 교회에까지 퍼져 있다는 것은 심각한 문제입니다. 이런 잘못된 가치관은 빨리 변화되어야 합니다. 아무리 공부를 잘한다고 해도 교만하고 다른 아이들을 업신여긴다면 그 아이들을 교회에서 떠받들어서는 안 됩니다. 다른 것은 모두 제멋대로 해도 공부만 잘하면 인정받는다는 잘못된 생각을 철저히 깨트려주어야 합니다.

저도 그런 학생을 만난 적이 있습니다. 제가 그 학생을 만난 것은 그 학생이 11학년(한국으로 치면 고등학교 1학년 정도) 때였습니다. 그 아이는 태어나서 그때까지 받은 성적 중에 A-가 하나도 없는 괴물 같은 학생이었습니다. 성적은 그렇게 대단히 우수했지만 성품까지 훌륭하다고 할 수는 없었어요. 어느 정도였느냐 하면 설교하고 내려오는 목사님에게 문법적으로 어디어디가 틀렸고, 그 단어보다는 이 단어를 쓰는 게 더 적합했다고 당돌하게 지적할 정도였습니다. 그렇게 잘난 척하자 '왕따'를 당하기 일쑤에 친구도 하나 없었죠. 그런데 누가 그 학생을 대우해주는지 아십니까? 그 아이는 친교 시간에 아이들과 같이 있는 것이 아니라 어른들 틈에서 밥을 먹고 어른들과 대화를 나눕니다.

"아니 너는 어떻게 그렇게 공부를 잘하니? 우리 아무개도 너처럼 공부를 잘했으면 좋겠구나."

"이거 더 먹어라. 그런데 너는 하루에 몇 시간이나 공부하니?"

엄마 아빠가 공부 좀 잘한다고 학생 비위나 맞추는 모습을 보고 자녀들이 어떻게 생각하겠습니까? 아마 몹시 자존심이 상할 것입니다. 그런데 집으로 돌아가면서 그 학생과 비교하며 "걔는 이렇게 공부한대. 너도 그렇게 공부해봐라"라는 말까지 들었다고 상상해보십시오. 그런 소리를 듣고 기분이 좋을 사람이 누가 있겠습니까? 자녀의 기분은 너무나 비참했을 것입니다.

저는 그 똑똑한 아이를 철저하게 인정하지 않았습니다. "목사님, 이번에 A 받았습니다. 이번 시험은 전국시험이었어요"라면서 자랑해도 저는 특별한 관심을 보이지 않았습니다. 급기야 그 학생의 엄마가 시험성적 광고를 안 해준다고 신경질적인 반응을 보이기까지 했지만 저는 일관된 태도로 광고하지 않았습니다. 담임목사님을 찾아가서 제가 하는 행동의 취지를 설명하자 목사님도 제 뜻에 동의하셨습니다. 어느 정도 시간이 흐르자 담임목사님도 교회도 완전히 변하여 무엇이 가장 중요한지 분명히 가르쳐야 한다는 분위기로 충만해졌습니다.

하나님을 인정하고 붙잡는 공부가 우선

그런데 변하지 않는 사람들이 있었습니다. 그것은 부모들이었습니다! 공부 잘하는 그 아이에게 밥 사주면서 "이번 시험도 잘 봤다면서? 다음 시험 경향은 어떨 것 같니?"라고 여전히 물어보고 있습니다. 그래도 저는 철저히 그 아이를 무시했습니다.

하루는 이 학생이 간증을 하겠다고 나섰습니다. 예배 시간이기는 하지만 예수님을 만나 변화된 아이들이 간증할 수 있도록 별도의 시간을 마련해두었기 때문에 학생이 나와서 간증하는 것은 자연스러운 일이었습니다. 그런데 이 아이가 나와서 하는 이야기는 들어줄 수가 없었어요. 이번 주에 자기가 공부도 별로 안했는데 또 일등을 했다는 자기 자랑이 이어졌기 때문입니다. 흥분한 저는 마이크를 꺼버렸습니다. 그리고 "너 들어가!"라고 아이들 앞에서 망신을 줬습니다.

"네가 네 힘으로 일등 했다고? 그렇게 일등 한 것으로는 하나님도 그 영광 안 받으신다!"

그 아이는 큰 충격을 받은 것 같았습니다. 반대로 제 말에 힘을 받은 다른 아이들의 얼굴이 상대적으로 환해졌습니다.

"우리 목사님이 아니면 누가 저런 말을 하겠어?"

"목사님이 그러시는데 그 자식 그런 식으로 잘난 척하고 공부 잘해봤자 하나님께서 영광 안 받는대!"

결국 공부 잘하는 그 학생이 제게 와서 따졌습니다.

"목사님, 어떻게 나한테 그러실 수 있어요?"

그날 제가 그 학생을 집으로 돌려보내지 않고 저희 집에서 재우며 많은 이야기를 들려주었습니다. "너의 모습을 돌아봐라. 하나님은 교만한 자를 멸시하시고 겸손한 자를 높이신다. 절대로 교만한 자를 사용하지 않으셔. 나도 공부 잘하는 네가 하나님께 귀하게 쓰임받기를 바래. 그러려면 너는 더욱 낮아지고 겸손해져서 하나님을 만나야 한다. 네게 하나님이 필요하다는 것을 인정해야 해"라고 말해주었습니다.

그후 그 학생과 저는 3개월간 일대일로 만나 제자훈련을 하기로 약속했습니다. 제자훈련이 진행되는 동안 저는 아이의 변화를 느낄 수 있었습니다. 시간이 흐르고 다시금 아이들 앞에 서서 간증하게 되었을 때 그 학생은 이렇게 고백했습니다.

"여러분, 오늘 내가 여러분 앞에 진심으로 사과합니다. 나는 내가 가장 똑똑하다고 생각했는데 나는 주님 안에서 가장 무식했습니다. 이제 그것을 깨달았습니다. 내년이면 고등학교를 졸업하게 되어 고등부에서 보낼 수 있는 시간이 얼마 남지 않았지만 여러분을 멸시했던 것, 교만하게 말했던 것을 여러분이 다 용서해주었으면 좋겠습니다. 용서해주지 않더라도 이제부터 여러분을 사랑하겠습니다."

그 다음부터 그 학생은 어려운 친구들의 공부를 성심성의껏 도와주었습니다. 그리고 하버드대학에 입학했습니다. 아마 지금도 법대에서 열심히 공부하고 있을 것입니다. 그런 아이는 공부를 해야 합니다. 그런데 그 아이가 대학에 가기 전에 잠시 헷갈렸는지 갑자기 공부를 하지 않아 깜짝 놀랐던 적이 있습니다.

"목사님, 공부가 뭐 중요해요? 주님의 일을 해야겠습니다."

저는 그 아이를 한 대 팍 치면서 이렇게 말했습니다.

"네가 해야 할 주님의 일이 바로 공부야. 너 같은 아이는 하버드에 가야 한다. 그래서 너를 통해서 하나님이 살아 계시다는 것을 증거하면 되지 않겠니?"

아이는 제 말을 당장 알아듣고 다시 열심히 공부해서 결국 하버드에 들어갔습니다.

이렇게 머리가 비상한 아이들이 자기 머리만 믿고 자신에게 하나님이 필요하다고 느끼지 않는 경우가 많습니다. 따라서 자신의 노력 여하에 따라 뭐든지 될 수 있는 사람이 반드시 복된 것은 아닙니다. 정말 노력했는데 안 되는 사람이 있습니다. 그러나 그것은 그리스도인 된 그 사람의 복입니다.

아무리 노력해도 안 된 일이 있습니까? 그렇다면 그것을 축복으로 여기기 바랍니다. 내가 아무리 노력해도 장사가 안 된다면 축복입니다. 그 사람이 어떻게 하나님을 붙잡지 않을 수 있겠습니까? 그리스도인의 가장 큰 기쁨이 무엇입니까? 하나님께서 나의 목자가 되신다는 것입니다.

우리는 하나님이 없이도 일 잘 되는 사람들을 부러워합니다. 그렇지만 그것처럼 불행한 것도 없습니다. 왜냐하면 하나님 없이 일이 잘 되면 잘 될수록 그 사람이 예수님을 알 수 있는 기회, 예수님을 믿을 수 있는 기회를 잃게 되기 때문입니다.

정신적인 핍박에 굴하지 말라

저는 아이들과 어울려 새벽기도도 드리고 금식기도도 하고 철야기도도 하고 수련회도 갑니다. 수련회에 가면 거의 잠을 자지 않습니다. 저는 그 아이들이 그 나이에 주님을 체험하지 못한다면 다 죽는다는 생각으로 수련회에 임합니다. 1분 1초가 절실하게 기도하다 보면 수련회 기간 동안 잠을 이룰 수 없습니다. 고등부 수련회는 1년에 두 차례, 고등학교 3년 동안 6번 갖게 되는데 그중에 단 한 번이라도 아이들이 하나님을 만나지 못한다면 나는 정말 하나님 앞에 설 수 없다는 심정과 각오로 수련회에 임합니다.

그런데 은혜롭게 수련회를 마치고 오자마자 아이들을 힘들게 하는 사람들이 누구인지 아십니까? 바로 부모님입니다. 수련회에 가기 전에도 보낸다 못 보낸다 말이 많더니 수련회를 마치고 돌아오자마자 "이제 들어가서 공부해"라고 잘라 말하는 분들이 부모님입니다. 하나님의 은혜를 받고 돌아온 자녀를 축복하며 함께 기뻐해주는 일보다 당장 책상에 앉히는 것이 그렇게 급하고 중요한 일입니까?

어떤 학생이 집안에서 심각한 핍박을 받는다고 하면 대개 그 부모가 불신자이겠거니 생각합니다만 공부에 관한 한 신앙이 있는 부모라고 해도 핍박자가 될 수 있는 것이 오늘날의 현실입니다. 공부 안하고 교회에서 산다고 심한 핍박을 받던 한 여학생이 있었습니다. 그런데 그 여학생의 가족이 직분자라는 것을 어떻게 생각하십니까?

그 여학생은 교회에 나와 오랜 시간 무릎 꿇고 기도했습니다. 그 여학생이 3년을 꼬박 기도하자 가족들이 진정으로 변화되는 역사가 일어났습니다.

특별히 아버지가 기도하면 3개월 만에도 자녀가 변화합니다. 자녀가 부모를 위해 기도할 때 3년이 걸려 이루어지는 일도 부모가 자녀를 위해 기도하면 금세 응답될 수 있습니다. 자녀를 위하는 어머니의 기도는 절대로 땅에 떨어지지 않습니다.

눈물의 자식은 망하지 않는다

저는 목회자의 가정에서 태어났습니다. 저는 어렸을 때부터 예배당 마루바닥에 앉아 서너 시간씩 예배를 드렸습니다. 다섯 살짜리가 졸지도 않고 맨 앞자리에서 열심히 예배드리며 나중에 자라서 목사가 되리라 소망했지요. 그러던 저희 가족이 미국으로 건너가게 되었습니다. 아버지가 미국에서 목회하시는 동안 교회는 두 번이나 분열되었고 그것을 지켜보던 저는 "하나님은 사랑이시라"라는 말씀을 의심하기 시작했습니다. 아버지처럼 열심히 일하시는 분에게 하나님께서 어떻게 이러실 수 있는지 의문이 사그라지지 않았던 저는 하나님을 의심하며 막 나가기 시작했습니다.

저는 어렸을 때 얼마나 울분이 많았는지 모릅니다. 지금 돌이켜보면 아버지가 목회하시면서 얼마나 힘드셨는지 잘 알 것 같습니다. 교회가 분열되더라도 끝까지 타협하지 않으셨던 아버지를 목회자로서 진심으로 존경합니다. 하지만 어렸을 때는 그 모든 것이 저를 더욱 힘들게 하는 요인으로 작용했습니다. 가정이 편안해질 만하면 교회를 개척해서 어려움을 당하게 되고 개척한 교회가 안정을 찾을 만하면 분열되는 일이 반복되면서 온갖 설움도 당해봤습니다. 고등학교 2학년 때에는 완전히 헤매면서 만나는 아이들마다 싸움을 걸었고, 눈길만 마주쳐도 기분 나쁘다며 아이들을 끌고 나가 패싸움을 벌이곤 했습니다.

그러던 제가 고3 때 돌아왔습니다. 수련회를 마치고 돌아와 마음이 복잡해진 저는 아버지에게 열쇠를 받아 예배당 안에 들어가 이렇게 기도했습니다.

"하나님, 만약 살아 계시다면 저를 좀 만져주세요. 그리고 살아계시지 않다면 절 좀 가만히 내버려두세요."

그렇게 기도한 바로 그날 하나님이 저를 만져주셨어요. 저는 그날 밤이 새도록 기도하고 주님 앞으로 다시 돌아왔습니다. 그런데 제가 그렇게 돌아오기까지 2년여의 시간 동안 저희 부모님은 아들인 저에게 이렇게 하라 저렇게 하라 말씀하신 적이 없습니다. 기도하셨어요. 그리고 기다려주셨습니다. 아버지는 항상 제게 "나는 너를 믿는다!"라고 말씀해주셨고 저에게 그 말씀이 너무나 큰 힘이 되었습니다. 그때 어머니가 기도하며 뿌린 눈물이 얼마나 될는지 저는 가늠하기 어렵습니다. 단 한 번도 자식 앞에서 눈물을 보이지 않으셨지만 사모로서 어머니로서 하나님 앞에 눈물로 간구하셨을 어머니의 모습을 상상하는 일은 그리 어렵지 않습니다.

기도로 키운 자식은 절대로 잘못되지 않습니다. 저는 확실히 믿습니다. 제가 증인이기 때문입니다. 하나님은 지금도 살아 계셔서 역사하시고 기적을 베푸시고 우리의 자녀를 아름답게 쓰기 원하신다는 것을 믿으시기 바랍니다.

가정은 사탄의 공격 대상 1호다

사탄은 이 시대의 가정을 노리고 있습니다. 사탄의 공격 대상 1호가 바로 우리의 가정입니다. 사탄은 가정만 무너뜨리면 교회도 자동으로 무너진다는 것을 알고 있습니다. 그렇기 때문에 가정을 목표로 하고 있는 것입니다. 이곳을 공격당한다면 가정이 무너질 수밖에 없는 가정의 핵심이 무엇인지 생각해보십시오. 첫 번째가 부부입니다. 부부 사이가 무너지면 가정은 무너질 수밖에 없습니다. 두 번째는 자녀입니다. 자녀가 무너지면 서로 책임을 전가하면서 부부가 싸우게 되고 그러면 가정은 자연히 무너지게 되어 있습니다. 그렇게 하다보면 이 땅의 가정이 무너지고 가정들이 무너지면 교회까지 무너지게 되는 것입니다.

우리의 자녀가 잘못되는 것을 상상이라도 할 수 있습니까? 내 자녀가 동성연애를 한다는 것이 상상이 되십니까? 이런 문제가 사회 곳곳에서 심지어 우리의 가정 내에서도 분출되고 있습니다. 우리나라에서도 정체성의 혼란을 가져오는 여러 가지 현상들이 벌어지고 있습니다. 한 고등학교에서 어떤 남학생이 다른 남학생에게 좋아한다고 고백했는데 고백을 받은 남학생이 싫다고 했다면 어떤 일이 벌어지는지 아십니까? 고백을 받아들이지 않은 남학생을 왕따시키는 현상이 일어납니다. 학생들은 "용기를 내어 좋아한다고 고백한 사람에게 어떻게 그럴 수 있느냐"라며 집단으로 그 학생을 왕따시킵니다.

'하리수'라는 이름으로 대표되는 일명 트랜스젠더들이 한국에서 활개를 치기 시작한 것은 이미 오래 전 일이 되었습니다. 저도 '하리수 형제에게 보내는 편지'라는 제목으로 설교한 적이 있습니다. 저는 그 설교에서 하리수라는 여성 이름으로 개명을 해도 그는 영원한 형제이며, 주민등록증 번호가 2로 시작한다고 해도 그는 영원한 형제라고 말했습니다. 우리 사회를 지탱해주던 분명한 진리와 가치관이 뿌리째 흔들리면서 우리의 아이들을 흔들어놓고 있습니다. 내가 남자로 태어났어야 하는 건지, 여자로 태어났어야 하는 건지 헷갈리게 만들어놓았습니다.

이런 죄악 된 세상의 혼란상을 부모의 힘만으로 바로잡을 수 있다고 생각하십니까? 이런 세상에서 단순히 부모가 열심히 살고 열심히 가르치면 된다고 생각한다면 그것은 너무나 안일한 생각이자 큰 교만이며 헛된 욕망이라는 것을 자각하시기 바랍니다.

성도덕의 위기 속에 가정을 사수하라

요즘 청소년들의 문제는 여러 모로 황당무계합니다. 원조교제가 성행할 때만 해도 딸 같은 여자아이와 대체 무슨 일이냐며 윤리가 땅에 떨어졌다고 다같이 소리를 높였는데 이제는 고등학생이 아닌 중학생 사이에서 원조교제가 일어난다고 하니 기가 막힐 노릇이지요. 도대체 어떻게 자녀를 키워야 될는지 갈피를 잡을 수 없는 시점에서 우리는 다시 한번 말씀을 통해서 하나님의 사람으로 온전케 키우겠다는 결단을 하는 수밖에 다른 방법이 없습니다.

모텔이 왜 '모텔'인지 아십니까? '모'르는 사람끼리 가는 호'텔'이라서 모텔이랍니다. 모텔이 어느 정도로 문제가 심각한지 아십니까? 숙박 시설인 모텔에서는 잠을 잘 수가 없습니다. 한번은 지방에 내려갔다가 한국에 와서 처음으로 모텔에 들었는데 저는 그날을 아직도 잊지 못합니다. 제가 모텔에 들어서자마자 아주머니가 한 첫마디 질문이 무엇이었는지 아십니까?

"자러 왔어요, 쉬러 왔어요?"

저는 세상에 태어나서 그렇게 심오한 질문은 처음 받아보았습니다. 황당하기도 하고 이상하기도 해서 저는 잘 생각한 다음 대답했습니다.

"자면서 쉬려고 왔습니다."

그러자 아주머니가 버럭 화를 내면서 나가라고 그러시더군요. 여기는 자는 사람은 안 받는다나요. 모텔은 원래 자라고 있는 곳 아닌가요? 모텔에서 자겠다는 손님을 안 받으면 어쩌자는 것인지 저는 헷갈리기 시작했습니다.

한국에 와서 이발소를 처음 갔을 때에도 황당한 경험을 했습니다. 이발소에 무엇 하러 가겠어요? 당연히 이발하러 갔지, 그런데 이발소에 들어서자마자 들려온 소리는 "이발하러 오셨어요?" 이발하러 왔다고 하니까 "이발만 하실 건가요?" 이발만 하지 더 뭘 하죠? 그래서 이발만 한다고 하니까 또 이발만은 안한다나요. 엄청나게 헷갈리는 일 아닙니까?

우리는 이발소는 이발만은 안한다 하고 모텔은 잠만 자면 안 된다고 하는 나라에서 살고 있습니다. 주차해둔 차 유리창에 원하지 않던 여자 사진이 줄줄이 꽂히는 그런 나라에서 살고 있습니다. 그런데도 우리는 너무나 쉽게 이런 말을 합니다.

"너희들이 얼마나 좋은 시절에 태어났는지 아느냐? 너희들이 무슨 걱정이 있겠니?"

물론 먹고사는 데 문제는 없습니다. 그러나 경제적으로 윤택해졌다고 해서 다른 문제가 전혀 없는 것이 아니듯이 세상의 윤리가 땅에 떨어졌고 사탄이 집중적으로 우리의 가정을 무너뜨리기 위해 호시탐탐 기회를 노리고 있다는 것을 잊어서는 안 됩니다.

이렇게 사탄이 우리의 가정을 집중 공격하려 한다는 것을 안 이상 우리도 가만히 앉아서 당하고 있을 수는 없습니다. 최전선에 누가 있습니까? 부모 앞에서 싸워주시는 만군의 여호와가 계십니다. 그분이 없다면 가정도 우리의 인생도 아무것도 아닙니다.

우리 하나님께서 정말 귀한 단 한 번의 예배를 통해서 우리의 가정을 회복시키실 수 없다면 저는 목사 안 하겠습니다. 한 번의 예배로 우리의 영혼이 변화될 수 없다면 저는 목사 안 합니다. 한 번의 예배를 통해서 우리의 청소년이 돌아오지 못한다면 저는 목사 안 하겠습니다. 저는 예배와 말씀을 통해 하나님 앞에서 내 자녀와 가정이 회복될 수 있다는 것을 분명히 믿고 있습니다.

이 세상 어느 가정도 걱정이 없는 가정은 없습니다. 이 세상 어느 가정도 상처가 없는 가정은 없습니다. 이 세상 어느 가정에나 어려움이 있습니다. 당신의 가정은 어떻습니까? 하나님께서 임재해 계시는 살아 있는 가정입니까? 당신의 비전과 꿈을 펼칠 수 있는 굳건한 터전입니까? 귀한 자녀들이 하나님의 비전을 수행하기 위해 준비되고 있는 장(場)입니까? 지금도 겸손하게 하나님을 바라보고 계십니까? 가정의 문제, 자녀의 문제를 놓고 기도하는 부모가 되십시오. 그 대신 하나님이 하셔야 할 일들을 대신하려 한 것이 있다면 부모로서 하나님 앞에 교만했던 점을 깊이 회개하시기 바랍니다. 이 어두운 세상에서 우리 자녀를 붙잡아주시고 우리 가정에 회복의 역사를 열어주시기를 간구하시기 바랍니다.

열혈랭크 목사의
신본주의 자녀교육법 5

1. 자녀교육의 목표는 자녀를 하나님의 사람으로 온전케 세우는 것이다.
크리스천 부모가 자녀를 교육하는 목표는 자녀를 일류대 진학시키는 것도 아니요 이 땅에서 잘 먹고 잘 사는 사람을 만드는 것도 아니다. 자녀교육에서 가장 중요한 것은 우리 자녀가 하나님의 사람으로 온전케 되는 것이다. 그러려면 자녀에게 반드시 성경을 가르쳐야 한다.

2. 자녀에게는 부모의 영향력이 가장 크다.
부모의 행실이 엉망인데 거기서 단정한 자녀가 나올 수 없다. 부모가 변하든지 자녀를 망치든지 선택은 둘 중 하나이다. 자녀를 망치느니 부모 자신이 변하는 것이 낫다고 결심하라. 부모가 변해서 자녀를 살리겠다고 결단하라.

3. 부모의 위선적인 신앙이 자녀를 망친다.
교회생활이 신앙생활이 아닌 단순한 종교생활이 되면 그런 부모의 삶은 위선적이 될 수밖에 없다. 직분과 교회 봉사만으로는 변화될 수 없다. 부모가 먼저 예수님과 만나지 않고서는 변화될 수 없다. 부모가 먼저 회개하고 변화되어야 한다.

4. 눈물의 자식은 망하지 않는다.
부모가 먼저 하나님 앞에 무릎 꿇어야 한다. 힘으로도 안 되고 능(能)으로도 안 된다. 오직 하나님의 능력으로만 자녀가 변화될 수 있다. 자녀는 부모의 눈물 기도를 먹고 자란다. 눈물의 자식은 망하지 않는다. 특히 어머니가 눈물을 뿌리는 기도를 드려라.

6장 언행이 일치하는 부모가 되라

> 하나님을 보여주고 증거하는 부모가 되기 위해 기도하십시오.
> 위선적인 삶을 당장 뜯어고치고 올바른 믿음생활을 시작하십시오.
> 그것이 자녀를 성공시키는 가장 최선의 방법입니다.

대화를 이끌어가는 것도 부모의 실력이다

부모와 자녀 사이에 원만한 대화가 이루어지면 가정의 웬만한 문제는 상당 부분 해결될 수 있습니다. 그렇다면 어떻게 해야 부모가 자녀와 대화를 잘할 수 있을까요? 대체로 부모가 마음과 다르게 말을 잘 못하는 것이 문제입니다. 오히려 마음을 닫히게 만드는 말을 한다는 데 문제가 있습니다. 예를 들어서 자녀가 게임을 열심히 하고 있는 모습을 보았습니다. 게임을 열심히 하다보니 게임을 아주 잘합니다. 그러면 게임 잘하는 것도 칭찬해주어야 하는데 공부 열심히 하는 것, 공부 잘하는 것은 칭찬해도 게임 잘한다고 칭찬해주는 부모는 거의 없습니다. "너 게임 참 잘하는구나!" 라는 솔직한 칭찬에 인색합니다. 칭찬은 고사하고 이런 말로 자녀의 마음을 상하게 하기 일쑤입니다.

"하라는 공부는 안하고 얼마나 게임을 했으면 게임 도사가 다 됐어."

공부를 잘해도 칭찬 한 마디 제대로 못하는 부모도 있습니다. 자녀가 좋은 성적을 받아 자랑스럽게 성적표를 내미는데도 "그래. 참 잘 했다"라고 담백하게 칭찬만 하는 것이 아니라 꼭 덧붙이는 말이 있죠. "그런데 옆집 아무개는 몇 등이니?"라고 물어봅니다. 그런 말에 아이들이 얼마나 괴로워하는지 아십니까?

가정 모임에서 다른 집 아이를 만나 그 집 아이를 칭찬한다는 것이 그만 내 아이를 비하하는 일도 비일비재합니다.

"우리 아무개는 철이 없는데 너는 참 어른스럽구나!"

그것이 겸양의 미덕인지 한국식인지는 몰라도 아이에게는 분명히 상처가 됩니다. 이런 소리를 들은 아이는 자존심도 상하고 기도 죽습니다. 단순한 인사치레라고 해도 그런 말은 쉽게 하지 마십시오. 아이가 마음 상할 말은 삼가는 것이 좋습니다.

"아빠는 너만 할 때 이런 것도 못 먹었다"느니 "엄마가 너만 할 땐 그런 것은 구경도 못해봤다"느니 하는 말로 불필요한 격세지감을 자극할 필요도 없습니다. 그런 말도 자주 들으면 짜증스럽고 진정한 대화에 방해가 될 뿐입니다. **교육이란 서로 삶을 나누는 것이지** 어느 날 갑자기 "지금부터 교육을 실시한다. 앉아! 일어서!"라고 일방적으로 시킨다고 해서 되는 것이 아닙니다. 대화도 마찬가지입니다. 대화하는 게 중요하다고 하니까 아이들을 불러 모은 다음 "오늘부터 우리 가족은 저녁 9시부터 9시 반 사이에 대화를 실시한다. 너부터 말해봐라"라면서 대화를 시도하는 부모님도 있는 것 같은데 말이 오간다고 대화가 되는 것은 아닙니다. 진정한 대화는 자유로운 분위기에서 가능합니다.

어느 날 아이가 마음을 잡고 이제부터 공부 좀 해보겠다며 책상에 앉았어요. 그런데 부모가 들어와서 "우와! 네가 웬일이니? 공부를 다 하게!"라고 놀린다면 어쩌라는 겁니까? 공부를 해도 뭐라 하고 안 해도 구박이면 아이들은 정말이지 정신을 차릴 수가 없습니다. 아이들이 헷갈리지 않도록 부모는 아이들 앞에서 말을 조심할 뿐더러 일관된 자세를 견지할 필요가 있습니다.

이런 말은 금물!

"공부만 잘해라. 내가 뭐든지 해주겠다", "이번 시험만 잘 보면 네가 사달라는 거 뭐든지 다 사줄게"라며 호언장담하거나 조건부를 내거는 것은 아주 좋지 못한 태도입니다. 공부 잘하는 것은 벼슬이 아닙니다. 자기가 열심히 공부해서 좋은 대학 가면 자기가 좋은 건데 부모가 무엇을 그리 많이 해주어야 합니까? 그러니까 한국의 학생들이 공부 잘해서 대학 들어간 다음 차를 사달라는 둥 그런 이상한 소리를 하는 것입니다. 나중에 자기가 돈 벌어서 사든지 말든지 알아서 할 일이지 그런 것을 요구하다니 미국의 아이들은 그런 일 없습니다. 이런 일이 일어나게 되는 발단이 부모의 잘못에 있다는 것을 분명히 인식하시기 바랍니다.

아이가 텔레비전을 보고 있으면 그냥 보지 말라고 권하면 됩니다. 그런데 이렇게 비아냥거리는 부모가 있습니다.

"너는 TV가 네 친구지?"

TV가 친구인 사람은 없습니다. 이것은 인격 모독에 해당합니다.

또 부모가 세상살이 고된 이유로 아이 핑계를 대서는 절대 안 됩니다.

"이 고생이 다 너 때문이다."

엄마가 아이 손을 붙잡고 이렇게 말하는 것도 절대 금지입니다.

"엄마가 남편 복이 있니, 집안 복이 있니? 엄마는 너밖에 없다."

"너는 네 아버지 같은 사람은 절대 되지 마라."

"네 아버지 같은 사람은 절대 만나지 마라."

엄마가 자녀에게 이렇게 말하는 것은 가정을 완전히 망하게 하는 일일 뿐만 아니라 아이를 미치게 하는 일입니다. 잘못된 부담을 주면 아이들은 감당할 수 없는 부담 때문에 튕겨 나가버립니다.

그렇기 때문에 부모가 자녀와 대화할 때 자유로운 분위기에서 그날 일어난 일 중심으로 말하는 것이 가장 좋습니다. 부모는 회사에서 있었던 일, 오늘 만난 사람 이야기 등 그냥 일상적인 이야기를 들려주십시오. 자연스럽게 일상을 공유하는 것이 중요합니다. 무슨 이야기를 하든지 결론은 공부하라는 쪽으로 내려서 아이를 공부하도록 만들겠다는 목적으로 대화를 나누는 것은 옳지 않습니다.

가출의 원리?

누가 보더라도 괜찮은 아들이 하나 있었습니다. 그런데 아버지는 계속 그 아들에게 부담을 주었습니다. 어떻게 부담을 주느냐 하면 아브라함 링컨처럼 살라는 겁니다.

"아브라함 링컨처럼 살아라! 네 나이가 몇 살인데 이 모양이냐! 아브라함 링컨이 네 나이 때에 어떻게 했는지 아느냐? 링컨은 밤새도록 공부했다더라! 그런데 너는 왜 그 모양이냐? 열심히 공부해라!"

이런 말도 한두 번이지 너무 많이 들으니까 너무나 화가 난 아들이 아버지에게 이렇게 말했습니다.

"아브라함 링컨은 아버지 나이에 대통령이 됐는데요."

용기를 내서 말을 하기는 했지만 그 다음에 곧 후회할 수밖에 없었습니다. 아들은 아버지에게 죽기 직전까지 흠씬 두들겨 맞았습니다. "들어보니 맞는 말이구나. 허허" 이렇게 웃고 넘길 수도 있으련만 "뭐라고? 이놈! 비싼 밥 먹여 키워놨더니 이놈이 아버지랑 맞먹겠다는 거야 뭐야?" 결국 그렇게 아들을 패고 맙니다.

그러면 아버지에게 맞은 아들은 속으로 어떤 생각을 할까요? 객관식입니다. 1번, "우리 아버지는 나를 정말 아브라함 링컨처럼 키우고 싶어서 그렇게 말씀하셨는데 내가 그 말뜻을 잘못 이해했구나!" 2번, "아! 아버지도 이제 많이 늙으셨구나! 맞아도 별로 아프지 않잖아" 3번, "에잇! 이게 뭐야, 이런 집구석, 내가 확 나가버리든지 해야지 원!" 저는 그 아들이 매를 맞으면서 욱하는 마음에 이런 생각을 했을 것 같습니다. 순간적으로 가출을 시도하려는 마음이 생겼을 때 이제라도 아버지가 "그래, 이제부터 잘해보자"라는 말로 아들의 마음을 다독여주었다면 문제는 간단합니다. 그런데 "야! 너 같은 놈 필요 없다. 어서 나가!" 그러면 자식은 청개구리라도 되는 양 "그

동안 아버지 말을 안 들었으니 마지막 말씀이라도 따라야지"라고 생각하고 어이없게 집을 나가게 되는 것입니다.

이렇게 청소년의 가출이 처음에는 어쩌다가 우발적으로 이루어지기도 합니다. 그러나 가출의 위험성은 반복할수록 쉬워진다는 데 있습니다. 처음에는 길어야 일주일이면 그 안에 돌아옵니다. 나가보니까 힘들거든요. 그런데 두 번째 가출을 하고 세 번째 가출이 이어지면서 가출해 있는 기간이 길어지다보면 아이들은 범죄의 길에 빠질 수밖에 없습니다. 요즘처럼 가출하는 아이들이 많아지면 가출한 아이들이 어울려 지내는 경우도 많은데 그렇게 되면 더욱 쉽게 돌아오지 못합니다.

크리스천 부모와 세상 부모의 차이

아이들이 가출하면 여학생의 경우, 일주일이 지나고 열흘만 넘겨도 원조교제 등 성적(性的) 유혹을 받기 시작합니다. 아르바이트라고 해봐야 힘들게 일하고도 시간당 2,3천 원 정도밖에 벌 수 없지만 아저씨랑 1시간 정도 시간을 보내면 10만 원에서 20만 원이라는 큰 돈이 생기니까 손쉽게 돈을 벌 수 있는 유혹을 떨치지 못하고 그쪽으로 빠져들게 되는 것입니다.

과연 이런 사회에서 하나님의 보호하심 없이, 하나님의 도우심 없이 마음대로 자녀를 키울 수 있다고 생각하십니까? 아무리 부모라도 해도 아이들을 365일 24시간 내내 쫓아다닐 수는 없습니다. 그런데 왜 하나님께 자녀를 의뢰하지 못합니까? 집에 가서 자기 마음대로 할 거면서 왜 교회에서만 "아멘" 하고 하나님을 믿는 척하십니까?

교회에서 아무리 귀한 말씀을 들어도 집에 가면 모두 금세 잊어버립니다. 노트에 적어가는 분들조차 어디다가 적었는지 잊어버리기 일쑤입니다. 하나님의 말씀은 가슴에 새겨야지 노트에 적어도 아무 소용이 없습니다. 그리스도인들에게 이상한 점이 있습니다. 교회에 들어오면서 나가면서 꼭 어딘가에 부딪히는 것 같습니다. 교회 안으로 들어오면서 '오, 은혜로우신 하나님!' 이러다가 나갈 때 교회 문에 부딪히면 교회 안에서 있었던 일을 전부 잊고 '아, 이제 다시 세상이다. 내 맘대로 살아야지' 이렇게 기억이 들었다가 나갔다가 하는 사람처럼 하나님의 은혜를 쉽게 잊는다는 것입니다. 그러다가 일주일 뒤 또 세게 부딪히면, '아, 은혜로우신 주님, 감사합니다' 그리고 다시 나가면서 '내 맘이야' 그러니까 교회가 욕을 먹습니다. 그러니까 우리 아이들이 헷갈려 하는 것입니다.

부모님이 예수를 믿는 가정의 자녀들에게 혼란이 생긴다면 그것은 전적으로 어른들의 잘못입니다. 교회에서 보는 아버지 어머니의 모습과 가정에서 직면하게 되는 부모님의 모습이 다르다고 느낄 때, 더욱이 예수를 믿지 않는 친구 부모님과 크리스천인 우리 부모님이 강조하는 것이 전혀 다르지 않다고 느낄 때 자녀가 갖게 되는 혼란, 실망은 무엇으로도 만회하기 어렵습니다.

　예수 안 믿는 부모도 자식 사랑이 끔찍합니다. 예수 안 믿는 부모도 자기 자식이 잘 되기를 바랍니다. 그러나 예수 믿는 부모는 예수 안 믿는 부모와 차이가 있어야 합니다. 예수 안 믿는 부모는 단지 세상적으로 성공하기를 바라지만 예수를 믿는 부모는 우리 자녀가 하나님의 사람이 되어 하나님의 뜻을 위하여 살기를 소망해야 합니다. 이 땅에서 하나님께 쓰임받는 하나님의 사람이 되는 것, 그것이 그리스도인의 목표입니다. 분명히 이렇게 다른 목표가 있는데도 그리스도인과 비그리스도인 사이에 차별화된 교육방법이 없다는 것은 불행한 일입니다. 정말 땅을 치고 회개해야 할 일입니다.

　그런 부모가 아이들이 조금 잘못한다고, 술 마시고 반항한다고 아이들만 탓해도 됩니까? 그럴 자격이 있습니까? 사실은 부모님이 얼마나 잘못하고 있는지 아십니까? 교회에서는 맡은 직분대로 다른 사람들을 섬기는 것 같아도 세상에 나가면 자기 마음대로 사는 그리스도인, 그런 가정이 어떻게 하나님의 마음에 합한 일들을 할 수 있겠습니까? 이런 사람들은 하나님을 두려워하지 않습니다. 그들의 가정에는 하나님이 살아 계시지도 않습니다. 하나님은 교회에만 살아 계시는 분입니다. 우리는 교회에 와야만 하나님의 사람으로 변신했다가 돌아가면 다시 세상사람으로 탈바꿈해버리는 사람들입니다.

잘못된 가치관

예수 믿는 사람이 이 세상에서 사는 일은 분명히 힘이 듭니다. 쉽지 않습니다. 성경에도 이미 나와 있습니다. 이 세상에서 예수 믿는 사람으로 살아간다는 것은 세상 것을 포기해야 하는 일이기 때문입니다. 그렇지만 우리는 하나님의 말씀대로 살아가야 합니다. 하나님께서도 하나님의 일을 하나님의 방법과 계획으로 이루시겠다고 말씀하셨습니다. 우리는 그 뜻에 따라 쓰임받는 도구일 뿐입니다.

부모도 마찬가지입니다. 부모는 하나님께서 그 자녀를 선물로 주신 만큼 하나님께서 하나님의 선하신 뜻 가운데 하나님의 계획대로 이끄실 것을 믿어야 하며 부모는 그 일에 도구일 뿐임을 인정해야 합니다. 부모의 소임은 하나님께서 이 아이를 왜 우리 가정에 보내시고 나에게 맡겨주셨는지 고심하며 하나님의 뜻을 따르는 것입니다.

"너는 엄마 아빠가 못했던 공부나 열심히 해라"라고 무조건 몰아붙이는 것은 아이를 우상으로 섬기는 일이 됩니다. 이 세상의 성공을 위해 자녀를 이용하는 것입니다. 우리의 자녀가 우상이 될 수 있습니다. 이 세상에서의 성공이 우상이 될 수 있습니다. 사탄은 그런 식으로 우리에게 다가옵니다. 사탄은 그 정체를 온전히 드러내면서 다가오지 않습니다. 사탄은 교묘히 사탄이 아닌 척 우리 앞에 나타나서 우리에게 이런 거짓말을 합니다.

"공부 잘해서 이 땅에서 성공해야지, 교회 다니는 사람이 공부도 못하면 하나님의 영광을 가리고 욕 먹이는 거야."

그리고 이런 잘못된 가치관을 심어줍니다. 그러나 이 점을 잊지 마세요. 하나님은 우리가 공부 못한다고 해서 전혀 기분 나빠하지 않으십니다. 하나님은 우리 자녀들에게 공부보다 훨씬 큰 계획을 가지고 계십니다. 잊지 마십시오. 물론 우리 아이들 중에 공부 달란트를 받은 아이는 무엇보다 공부를 열심히 하기 원합니다. 운동 달란트를 받은 아이는 운동에 충실하기 바랍니다.

크리스천 골퍼 최경주 선수가 얼마나 듬직하고 멋집니까? 하나님은 최경주 선수가 좋은 성적을 거둘 때마다 기뻐하십니다. 예수 잘 믿는 가수는 콘서트 중에서도 꼭 복음성가를 부르잖아요. 그러면 그곳을 찾아온 아이들이 예수를 믿는 역사가 일어납니다.

저도 큰 집회가 열릴 때면 천 명 단위로 모이는 수많은 청소년들 앞에 서기도 합니다만 크리스천 인기 가수는 만 명 단위의 청소년을 모아 영향력을 끼칠 수 있는 사람입니다. 저처럼 1시간씩 설교하지 않아도 단지 "예수님은 여러분을 사랑하십니다"라는 말 한 마디로 아이들에게 힘을 줄 수 있습니다. '어메이징 그레이스' 한 곡 부르면 아이들이 서로 "저도 하나님을 믿겠습니다", "오빠가 믿는 하나님을 나도 믿을 거예요!" 이런 고백을 이끌어낼 수 있습니다. 따라서 예수 잘 믿는 가수를 키워내는 일도 귀한 사역이 될 수 있습니다. 예수 잘 믿는 인기 텔런트의 귀한 고백이 이런 선한 영향력을 이끌어낼 수 있다는 것에 주목해야 합니다.

자동차정비사부터 대통령까지

차가 고장나면 정비소를 찾아갑니다. 그런데 정비사는 대학을 나오지 않아도 할 수 있습니다. 정비소에 1급 자동차 정비사자격증을 붙여놓는 경우는 많아도 서울대 물리학과 출신이라고 붙여놓는 일은 없습니다. 차 고치러 가서 그런 팻말 붙여놨다고 해서 은혜받습니까?

"그 정비소 공장장이 서울대 출신이래. 그러니까 차 정비는 거기 가서 하라구."

이렇게 말하는 사람이 있습니까? 차가 고장 났으면 차 잘 고치는 정비사를 찾지 다른 것은 따지지 않습니다. 그러니까 차를 잘 수리하는 일류 정비사는 반드시 필요한 존재입니다. 의사도 필요하지만 시민의 발이 되어주는 택시기사도 없어서는 안 되는 존재입니다. 그렇지만 내 아이만큼은 정비사도 택시기사도 시키지 않겠다고 하는 부모님이 있습니다. 그러면 의사가 되면 성공한 것이고 의사가 못 되면 실패한 것입니까? 그렇지 않습니다. 하나님의 사람으로 하나님의 일을 감당하며 진정으로 하나님의 마음에 합한 삶을 사는 그 사람이 진정으로 성공한 사람입니다.

한번은 제가 택시를 탔는데 기사분이 라디오의 설교방송을 틀어주더니 "손님, 이것 좀 한번 들어보시겠습니까?"라고 권했습니다. 저야 평소에도 목사 티를 안 내고 다니는 사람이니까 목사인 줄 모르셨을 테고, 그래서 제가 물어봤어요.

"기사님, 평소에도 항상 이렇게 하십니까?"

그러니까 그 분의 대답은 늘 이렇게 한다는 것이었습니다. 이렇게 설교를 들어보라고 하면 예수 안 믿는 사람들은 대개 끄라고 한답니다. 그래도 한 번만 들어보시라고 권하는 방법으로 복음을 전한다는 것이었습니다. 하나님이 자신의 삶 속에서 이런 일을 하도록 직접 인도하셨다는 겁니다. 그 분이 하는 일은 참으로 귀한 일입니다.

우리가 인간적인 생각과 눈으로 어떤 직업은 좋고 어떤 직업은 별로 좋지 않다고 평가하는 것은 큰 잘못입니다. 또 어떤 직업을 가졌으면 성공이고 어떤 직업은 실패라는 식으로 구분하는 일도 옳지 않습니다. 우리가 하나님 앞에서 온전케 되고 하나님의 사람으로서 그 일을 감당하는 한 모든 직업은 귀한 일이 되는 것입니다. 그것이 곧 사역이자 제사장으로서 우리가 맡은 직무가 되는 것입니다.

한국 사회 곳곳에 그런 하나님의 사람, 하나님의 아이들이 하나하나 포진한다고 생각해보세요. 우리 사회가 얼마나 건강해질지 상상이 가십니까? 저는 우리나라 국회의원들 가운데 크리스천이 많이 나오기를 희망합니다. 크리스천이 정치를 하면 이만큼 다르다는 것을 보여주기 바랍니다. 저는 대통령을 위해 기도합니다. 제가 가르치는 아이들 중에서 대통령이 나왔으면 좋겠습니다. 제가 아는 아이 중에 꽤 괜찮은 아이가 있길래 "너, 대통령 하는 건 어떠니?"라고 했더니 "목사님, 그러면 저 탄핵당해요"라고 해서 웃었습니다. 옛날에는 대통령 하는 게 최고였는데 요즘은 대통령이 되는 것도 그다지 좋아하지 않는 것 같습니다. 요즘은 연예인 하는 것을 최고로 생각하길래 저는 "그래도 대통령도 해야 한다. 골치 아프지만 해야 해!"라고 말했습니다. 그래서 정말이지 하나님을 두려워하는 대통령이 꼭 나왔으면 좋겠습니다.

장차 우리 아이들이 커서 그 가운데 대통령도 나오고 택시기사로 나오고 정비사도 나올 것입니다. 겉으로 보기에는 다르지만 하나님의 계획하심 가운데서 보면 다 똑같습니다. 하나님이 우리를 사용하시는 방법이 여러 가지임을 기억하십시오. 어떤 것은 좋고 어떤 것은 나쁘다는 세상적인 사고방식을 버리십시오. 우리의 욕심을 내려놓고 우리의 계획과 방법을 내려놓는 것이 예수를 믿는 것입니다. 우리가 예수를 믿을 때 하나님께 약속한 것이 무엇입니까?

"하나님, 내 인생은 내 것이 아닙니다. 이제 하나님께 드리오니 하나님, 사용하여주옵소서"라고 기도했듯이 우리 아이들도 그렇게 키워야 합니다. 그럴 때 우리의 자녀가 이 땅에 꼭 필요한 사람, 이 땅에 꼭 필요한 리더가 될 수 있습니다.

자녀의 미래를 책임지시는 하나님

제가 가르친 아이 중에 만화를 잘 그리는 아이가 있었어요. 만화뿐만 아니라 그림에도 소질이 있었는데 특히 사람이 입은 옷을 잘 그렸습니다. 얘는 제가 설교하는 동안 제 옷을 그려놓고 예배가 끝난 다음 그림을 보여주면서 목사님에게 이런 옷 이런 컬러보다 다른 것이 좋겠다고 그려서 보여주는 아이였습니다. 하지만 저는 낙심이 되었어요. 저는 나름대로 열심히 설교를 준비해오는데 제 설교는 듣지 않고 매주 어김없이 그림을 가지고 나온다고 생각하니 속이 상했습니다. 그러다가 아이들은 어른들과 다르게 설교를 안 듣는 것 같아도 죄다 듣고 있다는 것을 알았습니다. 어른들은 저를 똑바로 쳐다보면서 전혀 다른 생각을 합니다만 아이들은 다른 일을 하면서도 말씀에 집중할 수 있더라는 말이에요. 그러니까 상대적으로 어른들은 예배드릴 때 예배에 집중하기 위해 남다른 주의를 기울여야 합니다.

제가 그림 그리기 좋아하는 그 아이를 만난 것은 사역 초기 시절이었습니다. 그때만 해도 저는 그 아이가 몹시 걱정스러웠습니다.

만날 그림만 그려서 뭘 할 수 있을지 이 아이는 학교에서도 내내 그림만 그린다고 했습니다. 그런데 교회를 빠지는 법은 없었습니다. 하지만 저는 그 아이의 마음속에 믿음이 생기고 말씀이 들어가는지 도무지 알 수가 없었습니다. 그림을 그리면서도 제 설교에 "아멘" 하던 그 아이가 지금 어떻게 되었는지 아십니까? 미국 유명 기업의 일류 디자이너가 되었습니다. 이제 그 아이가 그리는 것이 그대로 돈이 되는 시절을 맞고 있습니다.

저는 청소년 사역을 하면서 '쟤는 도대체 커서 뭘 할까?' 라고 걱정했던 아이들이, 그 아이들이 가지고 있던 개성 그대로 그 전문성을 살려서 사회에 자리매김하는 모습을 목격하게 되었습니다. 우리가 보기에 밥벌이나 하고 살까 염려했던 아이가 나중에 큰일을 해내는 것을 직접 목격하면서 깨달은 점은 소망을 가지고 여유 있게 믿고 기다려주어야 한다는 것이었습니다. 예를 들어서 서울대 나오고 좋은 직장에 들어가고 좋은 배우자를 만나 결혼했지만 믿음이 없는 사람이 있다면 그 사람은 앞으로도 믿음을 갖지 못할 가능성이 훨씬 더 큽니다. 이 땅에서 아무리 잘되고 아무리 성공해도 영원한 삶에서 실패한다면 그 사람은 성공한 사람이 아닙니다.

당신은 구원받았습니까? 당신의 자녀는 확실히 구원받았습니까? 한번 잘 생각해보시고 아이들과 대화를 나누어보십시오. 부모를 통해 예수님이 전해졌는지 확인해보십시오. 당신의 자녀가 당신을 통해 하나님을 볼 수 있는지 돌아보십시오. 하나님의 모습을 투영하여 보여주는 부모였습니까? 당신의 자녀가 정말 당신을 통해 예수님을 알게 되었습니까? 그렇지 못하다면 지금 당장 회개하십시오. 하나님을 보여주고 증거하는 부모가 되기 위해 기도하십시오. 위선적인 삶을 당장 뜯어고치고 올바른 믿음생활을 시작하십시오. 그것이 자녀를 성공시키는 가장 최선의 방법입니다.

열혈탱크 목사의
신본주의 자녀교육법 6

1. '공부하라'는 결론으로 유도되는 대화를 피하라.

부모가 자녀와 대화를 나눌 때 자유로운 분위기에서 그날 일어난 일 중심으로 말하는 것이 가장 좋다. 부모는 회사에서 있었던 일, 오늘 만난 사람 이야기 등 그냥 일상적인 이야기를 들려주라. 자연스럽게 일상을 공유하는 것이 중요하다. 무슨 이야기를 나누든지 결론은 '공부하라'는 쪽으로 유도되는 대화는 결코 좋지 않다. 그러면 자녀가 부모와의 대화를 기피하게 된다.

2. 예수 믿는 부모로서의 차별성을 지녀야 한다.

예수 안 믿는 부모도 자식 사랑이 끔찍하다. 예수 안 믿는 부모도 자기 자식이 잘 되기를 바란다. 그러나 예수 믿는 부모로서 예수 안 믿는 부모와 차이가 있어야 한다. 예수 안 믿는 부모는 자녀가 단지 세상적으로 출세하기를 바라지만 예수 믿는 부모는 자녀가 하나님의 사람이 되어 하나님의 뜻을 위하여 살기를 소망해야 한다. 하나님께 쓰임받는 사람이 되는 것을 목표로 삼아야 한다.

3. 하나님의 모습을 보여주는 부모가 되라.

부모를 통해 자녀에게 예수님이 전해졌는지 확인해보라. 내 자녀가 나를 통해 하나님을 볼 수 있는지 돌아보라. 하나님의 모습을 투영해 보여주는 부모인가? 내 자녀가 정말 나를 통해 예수님을 알게 되었는가? 그렇지 못하다면 지금 당장 회개하라. 하나님을 보여주고 증거하는 부모가 되기 위해 기도하라.

7장 오직 크리스천 부모답게 훈계하라

아버지가 몇 차례의 엄중한 경고와 훈계와 체벌의 순으로 올바른 절차를 밟아 아이들을 교훈한다면 아버지와 자녀 사이에 절대로 문제가 생기지 않습니다. 올바른 훈계 방법에도 어머니보다 아버지의 권위를 우선하는 원칙이 있다는 것을 기억하십시오.

하나님의 말씀과 주님의 훈계

세상에는 가치관을 뒤흔드는 각종 유혹이 있습니다. 옳고 그름에 대한 구분이 모호해졌습니다. 따라서 부모는 자녀에게 확실한 울타리를 만들어주어야 합니다. 특별히 그리스도인들에게 확실한 울타리가 되는 것이 하나님의 말씀입니다.

또한 특별히 하나님께서 부모에게 자녀 양육의 올바른 가이드라인을 일러주셨습니다. 그냥 아무렇게 살라는 것이 아닙니다. 이 세상에서는 정말 안 되는 것도 부모님이 괜찮다고 하는 것이 있을 수 있습니다. 반대로 세상은 그냥 괜찮다고 하는데 부모님은 절대로 안 된다고 하는 것도 있습니다. 그것을 기준으로 부모가 자녀에게 울타리를 둘러주어야 합니다. 그리고 자녀가 그 울타리를 넘어

갔을 때는 혼을 내야 합니다. 이때 훈계는 반드시 성경적으로 해야 합니다.

아이를 훈계할 때 한두 번 말로 해서 안 되면 매를 들어도 됩니다. 때려서 훈계할 때에는 세 가지 중요한 원칙을 지키기 바랍니다.

첫째, 때릴 때는 제대로 효과가 있을 만큼 때린다.
둘째, 자주 때리지 않는다. 체벌은 신중히 한다.
셋째, 아버지가 때리는 것을 원칙으로 한다.

성경에도 아버지가 훈계하도록 당부하고 있습니다.
"아비들아 너희 자녀를 노엽게 하지 말고 오직 주의 교양과 훈계로 양육하라"(엡 6:4).

관계성의 승리

아이들과 같이 어울려서 사역할 때 저는 상스런 말도 곧잘 합니다. 예를 들어서 예배에 지각한 아이에게는 거침없이 이렇게 말합니다.

"야, 이 새끼야! 지금이 몇 시냐? 이 새끼가 진짜 정신 못 차리지? 예배가 몇 시 시작이야? 11시에 시작하지! 네 눈으로 시계를 봐. 지금이 몇 시야? 11시 반이지. 너 맞고 싶어?"

그런데 어느 날 주일학교 탐방을 온 어떤 교역자가 제 모습을 보고 돌아가서 그대로 흉내를 낸 모양입니다. 요즘 아이들이 어떤 아이들입니까? 친하지도 않고 잘 모르는 사람이 함부로 말하면 가만히 듣고 있지 않습니다. 목사님의 말을 듣고 심하게 반항을 한 아이가 생겨나 그 일로 문제가 생겨서 결국에는 목사님이 사임하고 말았다는 소식이 들려왔습니다. 그는 제가 왜 그렇게 아이들과 막말이 가능한지 본질과 핵심을 깨닫지 못하여 결국 큰 실수를 하고 만 것입니다.

감사하게도 제가 사역하는 곳마다 배가와 부흥이 일어났습니다. 뉴욕에서 처음 사역을 시작할 당시 50명이던 학생들이 10개월 만에 150명으로 늘어났고, 한국으로 와서 고등부를 시작하며 처음에 40명밖에 나오지 않던 고3들이 지금은 170명가량 출석하고 있습니다. 특히 한국 교회에서는 "고3이 교회에 나오면 재수한다"라는 속설까지 있다고 하는데 그런데도 이렇게 부흥한 것입니다.

하지만 그렇게 된 데에는 다 이유가 있습니다. 제가 아이들과 뒹굴며 놀기 시작했기 때문입니다. 새벽기도를 마치고 함께 조조영화를 보러 간다든가 영화를 보고 나와 떡볶이를 먹으러 가고 함께 신나게 어울려 놀 수 있는 사이가 되었기 때문에 "야 이 새끼야!"라는 말이 가능해지는 것입니다. 제가 이렇게 험한 말만 막 하는 것 같아도 아이들이 "목사님, 잘못했습니다"라는 소리를 정중히 할 수 있는 것도 바로 그 이유입니다. 그러나 만약 제가 그런 관계를 하나도 맺지 않은 상태에서 갑자기 그런 막말을 하면 아이들은 당장 "네가 날 낳아서 이 새끼 저 새끼냐?"라고 따지면서 덤비는 아이까지 생길 수 있습니다.

가정교육도 마찬가지입니다. 부모는 자기 자식이니까 "이 새끼야"라고 막말하며 훈계할 수 있습니다. 그러나 평소 함께 나누었던 좋은 추억도 없는 막막한 사이에서 단지 부모 자식이라는 이유로 권위적으로 훈계만 한다고 해서 그 훈계가 효과가 있을까요? 아닙니다. 효과적인 훈계가 가능하려면 평소 서로 기쁘게 해준 일, 기분 좋은 일이 전제되어 있어야 합니다.

단적으로 저는 "아이들과 놀기 싫으면 설교도 하지 말라"라고 이야기합니다. 아이들과 관계를 맺지 못한 사역자의 말은 아이들이 듣지 않습니다. 부모도 마찬가지입니다. 사역자들이 주중에 그 아이들과 어떤 관계를 맺으며 생활했는지는 주말과 주일의 사역에 고스

란히 드러납니다. 마찬가지로 부모가 자녀들과 평소 어떤 관계를 맺으며 생활하느냐에 따라서 올바른 훈계가 되기도 하고 안 되기도 한다는 것을 유념할 필요가 있습니다.

어른 대접 인격 존중

일단 관계를 맺으면 훈계가 필요할 때 회초리를 들어도 됩니다. 잘못을 꾸짖을 때에도 우리 조상들은 매우 지혜로웠습니다. 체벌로는 가느다란 나뭇가지로 만든 회초리를 이용하여 종아리를 때렸는데 이 방법은 맞을 때는 아파도 흉터가 오래 가지 않을 뿐만 아니라 드러나 보이지 않습니다. 손으로 뺨을 맞으면 아이들이라고 해도 자존심이 상하고 자신을 멸시한다는 느낌을 받습니다. 뺨을 맞아 본 사람은 다 압니다. 그런 측면에서 아이가 아무리 잘못했더라도 뺨을 때리는 것은 옳지 않습니다. 어떤 교사모임에서 강의할 때 제가 직접 물어본 적이 있습니다.

"선생님들 가운데 학생의 뺨을 때리는 분이 있습니까?"

그러니까 몇 분의 선생님이 손을 들더군요. 제가 그 분들을 무안할 정도로 나무랐습니다. 심지어 부모도 아이의 뺨을 때릴 권리가 없습니다. 교육상 필요하면 선생님도 매를 들 수는 있지만 직접 손을 대는 일은 피하시기 바랍니다. 그런데 12살이 넘으면 회초리도 막대기도 소용없다는 말이 있습니다. 그 말은 12살이 되기 전에 기준을 잡아주어야 한다는 뜻입니다. 청소년은 빨리 어른이 되고 싶어 합니다. 청소년 자녀를 둔 엄마도 이 시기의 자녀의 행동에 애를 태웁니다. 속상하고 섭섭한 마음이 사무칩니다.

"저 새끼, 내가 저 낳으면서 얼마나 죽을 고생을 했는데, 이제는 머리 컸다고 방 문 잠그고 나오지도 않고, 엄마랑 이야기도 안하고, 엄마 어디 나간다면 좋다 그러고…."

그런데 그 시기의 자녀는 그러는 것이 정상입니다. 청소년의 시기에는 어른이 되기를 열망합니다. 방에 혼자 있으면 자기가 어른이니까 누가 들어오는 것이 싫은 것입니다. 엄마만 방안으로 들어오면 자신이 아이로 변해야 하는 것, 그리고 아이 취급만 하는 엄마가 못마땅한 것입니다. 엄마는 머리를 쓰다듬고 안으면서 "아이구, 내 새끼!"라고 하지 정식으로 어른 대접을 해주지 않으니까 방에 그냥 혼자 있고 싶어 하는 것이지요.

그러나 엄마가 조금 섭섭하더라도 그게 낫습니다. 만약 열다섯 먹은 아들이 엄마가 장 보러 간다고 엄마 치맛자락을 붙들고 따라 나선다면 그 아이는 문제가 많은 아이입니다. 그런데 엄마는 그런 아이를 좋아합니다. 엄마의 손길을 필요로 하는 아이, 엄마밖에 모르고 엄마 말 잘 듣는다는 것이 큰 자랑거리이지요. 그러면 또 다른 엄마들이 그 점을 부러워합니다.

부모 속은 상해도 청소년 시기의 자녀가 겉도는 것처럼 느껴지는 것은 지극히 정상이며 제대로 된 아이들입니다. 로봇을 키우는 것이 아닌 이상 항상 부모 마음에 맞게 부모만 따라다니기를 바라는 것은 욕심입니다. 우리 아이들은 로봇이나 애완견이 아닙니다. 인격을 갖춘 사람입니다. 청소년이 되었고 이제 곧 어른이 될 아이를 언제나 어린아이 다루듯 하는 것은 큰 잘못입니다.

올바른 훈계의 단계

아이들은 자라가면서 실수도 하고 잘못도 범합니다. 그런데 그렇다고 절망할 필요는 없습니다. 가르치면 됩니다. 하지만 잘못한다고 해서 매번 체벌을 가한다면 훈계의 의미가 실종되어 아무런 의미가 없어집니다. 처음에는 일단 경고를 해둡니다. 축구에서도 처음에 옐로우카드를 주고 좀 더 강도 높은 반칙을 하면 퇴장을 명령하는 레드카드를 보여줍니다. 야구에서도 타자가 헛스윙을 해도 세 번까지 허용해줍니다. 처음부터 레드카드를 내보이는 것이 아닙니다. 그러니까 비록 아이들이 실수를 하더라도 적어도 두세 번의 기회를 주어야 한다는 말입니다.

대신 경고할 때 엄중하면서 정도껏 해야 합니다. 욕하고 마구 때리면서 "너 이번에 이건 경고야, 알았어?"라고 하면 아이가 어떻게 생각하겠습니까? '경고가 이 정도면 다음에는 어떻게 하겠다는 말이지? 에잇, 아예 집을 나가버리자'라고 하지 않겠습니까?

경고는 침착하고 엄한 어조로 말을 전하는 것입니다.

"네가 이것을 잘못했어. 우리 집은 크리스천 가정이니까 이것은 절대 안돼. 다음부터 하지 마."

그런데 또다시 잘못했다면 이번에는 좀 더 험악한 표정을 지으며 약간 더 목소리를 높여서 재차 경고합니다.

"너 이번이 두 번째야. 다음에는 진짜 혼나! 다시는 그러지 마라."

이렇게 하다가 만약 한 번 더 잘못해서 세 번째로 훈계를 듣는 날에는 아이들도 속으로 미안한 마음을 가집니다. 스스로 자책하며 회개합니다. 이때 가장 효과적인 훈계가 이루어질 수 있습니다. 훈계할 때 조심해야 할 것이 또 있는데 이 방법을 모르면 부모의 훈계가 도를 넘을 수 있습니다. 바로 훈계할 때 질서를 지켜야 한다는 것입니다. 훈계의 당사자인 아버지가 앉아 천천히 숨을 고르고 있는데 옆에 앉은 엄마가 이런 말로 포문을 엽니다.

"너는 오늘 죽었다 죽었어!"

아버지가 운을 떼기도 전에 어머니가 이렇게 이기죽거리며 끼어드는 것은 매우 잘못된 일입니다. 기다렸다는 듯이 이번에 잘못한 일뿐만 아니라 과거 나쁜 행실까지 들춰내가며 거들면 아버지는 그야말로 화가 머리끝까지 나서 감정을 조절하지 못하고 앞뒤 안 가리고 때리게 되는 것이지요. 그러나 이렇게 하는 것은 교육이 아니에요.

두세 번 경고를 했는데도 불구하고 아이가 같은 잘못을 또다시 반복했다면, 그래서 체벌이 불가피하다면 아버지는 아이와 독대하여 잘잘못을 가리는 것이 좋습니다. 어머니는 같은 자리에 있지 않는 편이 좋습니다. 뿐만 아니라 그날 잘못한 일만 언급하며 꾸짖어야지 옛날 일까지 들춰내서는 안 됩니다. 이때 많은 부모가 실수를 합니다. 과거에, 그것도 기억하지 못할 만큼 어렸을 때 잘못한 일까지 끄집어내서 죄를 복습시키는 것은 결코 옳은 행동이 아닙니다.

하나님이 부모의 죄, 우리의 죄, 과거에 지은 죄로 정죄하십니까? 죄를 복습시키시던가요? 그렇게 하지 않으십니다. 그 덕분에 우리는 하나님 앞에 떳떳이 설 수 있습니다. 그러니까 우리도 자녀의 지난 잘못을 들춰내어 벌해서는 안 됩니다. 그날 잘못한 것만 따져서 회초리로 열 대 때렸는데 아이가 그 일로 집을 나가거나 하지는 않습니다. 평소 아무런 대화도 없다가 아버지가 왜 화가 났는지 이유도 밝히지 않고 일단 두들겨 팬 다음 '너 같은 놈은 없어도 된다. 나가버려'라는 식으로 자녀를 대하니까 가출이 일어나는 것입니다. 부모 자식간에 서로 대화가 있고 평소 한두 번이라도 일단 말로 타일러본 적이 있다면 어쩌다 아버지가 갑자기 진짜 화가 나서 몇 대 때렸기로서니 아이가 그리 쉽게 집을 나가지 않습니다. 그러나 그런 일이 계속 반복되어서는 안 됩니다. 따라서 먼저 훈계를 확실히 해둘 필요가 있는 것입니다.

일단 아버지가 자녀를 훈계한다면 그동안 엄마가 해야 할 일이 따로 있습니다. 물론 기도도 해야 합니다만 그때에는 자정도 좋고 새벽 1시라도 상관없습니다. 야단을 치고 야단을 맞은 날에는 맛있는 것을 먹고 자야 합니다. 일종의 축제를 벌여야 합니다. 아이가 훈계를 통해 한 번 더 성숙해지는 날이기 때문입니다.

물론 아버지도 훈계를 아무렇게나 해서는 안 됩니다. 아버지는 아주 무섭게 해야 합니다. 잘못한 것에 대해서 눈물이 쏙 나오도록 따끔하게 훈계를 한 다음 아이더러 나가라고 호통을 치면 아이는 눈물을 흘리며 잘못을 빌게 되어 있습니다. 그럴 때 엄마가 할 일이 있습니다. 잘못을 인정하고 뉘우친 만큼 어른이 되었다고 인정해주면서 자녀를 꼭 안아주는 일이 어머니의 몫입니다. 이때 아이를 위로한답시고 아버지의 훈계와 체벌 의도를 희석시키는 언행을 해서는 안 됩니다. 아버지의 훈계와 맥을 같이하는 일관되고 안정적인 태도로 자녀를 안아주어 사랑을 확인시켜주는 것이 필요합니다.

자녀가 간식을 먹기 시작했을 때 아버지는 다시 이렇게 말해주세요.

"네가 하나님의 아들이 아니었다면 아빠하고 엄마하고 너를 훈계할 필요도 없다. 그러나 하나님은 너를 위한 놀라운 계획을 가지고 계신다. 그 계획이 이루어지도록 너는 좀 더 성숙해져야 한단다."

그런 이야기를 듣고도 "그렇다고 나를 그렇게 때려요?"라고 따질 아이는 없습니다. 그러면 아이들은 대개 웁니다. 그러면 그 자리에서 회포를 풀어야 합니다. "아빠는 참 기쁘다. 네가 오늘 이만큼 더 커서 너무 기뻐"라고 말해주는 겁니다. 아빠와 엄마와 자녀 모두 우는 눈물의 축제가 될지라도 좋아요. 그러면 그날 밤에는 온 가족이 평화롭게 잠들 수 있을 겁니다.

그러나 부모가 마구잡이 훈계를 해버리면 아이도 자기 방으로 돌아가 씩씩거리고, 부모도 씩씩거리면서 잠을 이루지 못합니다. 감정의 앙금을 털어내지 않은 채 며칠씩 서로 말도 안하고 지나다가 어영부영 넘어가게 됩니다. 부모도 미안하니까 괜히 용돈 주고 달래는 식으로 마무리하면 그것은 올바른 훈계도 교육도 되지 않습니다.

남편에게 권위를, 아내에게 사랑을

자녀교육상 부부관계도 매우 중요합니다. 특별히 엄마는 아빠의 자리를 높여드리고 아빠는 엄마를 사랑해야 교육적으로 바람직한 부부관계라고 할 수 있습니다. 엄마가 아버지를 지극히 존중하는 가정이라면 아빠가 훈계하려고 할 때 아이는 벌써 떨며 긴장할 수밖에 없습니다. 그리고 절대 아버지를 미워하지 않습니다. 또한 아버지가 몇 차례의 엄중한 경고와 훈계와 체벌의 순으로 올바른 절차를 밟아 아이들을 교훈한다면 아버지와 자녀 사이에 절대로 문제가 생기지 않습니다.

올바른 훈계 방법에도 어머니보다 아버지의 권위를 우선하는 원칙이 있다는 것을 기억하십시오. 아버지의 권위가 바로 서야 합니다. 그 권위는 엄마가 세워주어야 합니다. 엄마가 아버지를 무시한다면 아버지는 자식에게 훈계든 뭐든 할 수 없는 존재가 되고 맙니다. 아버지의 자리를 함부로 무시하는 엄마는 무식한 사람입니다. "오늘부터 당신의 자리를 높여드리겠습니다"라고 다짐하시기 바랍니다.

그렇다면 왜 아내에게서 기쁜 마음으로 남편을 존중하겠다는 마음이 사라졌을까요? 언제부터인가 아내는 남편이 자신을 사랑하거나 아낀다는 느낌을 받을 수 없게 되었기 때문입니다. 결혼하기 전 데이트할 때는 하늘의 별도 따다줄 것처럼 굴더니 결혼하고 몇 년도 못 되어 싹 달라진 태도에 아내는 적이 실망하게 됩니다. 아내는 남편의 사랑을 먹고살아갑니다. 그럴 때 아내가 기쁜 마음으로 남편의 권위를 높여줄 수 있는 것입니다.

남편은 아내의 손을 한 번 잡아보십시오. 하나밖에 없는 아내 손을 어떻게 한 손으로 잡습니까? 귀하게 두 손을 모아 잡고 그윽한 눈빛으로 바라보면서 이야기해보십시오.

"이제부터 당신을 나보다 더 뜨겁게 사랑할게."

그런데 이 말씀이 성경에 나옵니다. 남편들은 성경에 나오는 한 쪽 말씀만 읽고 아내에게 순종하라고 합니다.

"아내들이여 자기 남편에게 복종하기를 주께 하듯 하라"(엡 6:22).

그런데 남편이 먼저 할 일이 있습니다.

"남편들아 아내 사랑하기를 그리스도께서 교회를 사랑하시고 위하여 자신을 주심 같이 하라"(엡 6:25).

이 성경말씀으로 보아 누가 할 일이 더 어렵습니까? 남편에게 주신 말씀이 더 어려워요. 여자는 두 눈 딱 감고 순종하면 그만입니다. 할 수 있습니다. 그런데 남편은 아내 사랑하기를 그리스도가 교회를 사랑하신 것처럼 사랑해야 합니다. 그것은 완전한 사랑을 하라는 말이며 매우 어려운 명령입니다.

자녀교육은 부부관계의 건강 척도에 따라서 성공인지 실패인지가 좌우됩니다. 하나님이 맺어주신 부부관계를 제대로 유지하지 못하면서 자녀에게만 잘잘못을 훈계하는 것은 전혀 효과가 없습니다. 자녀는 엄마가 "네 아버지 같은 사람은 되지 마라"라는 엄마의 말대로 아버지의 훈계에 귀 기울이지 않습니다. 자녀는 아버지가 아껴주지 않는 엄마의 말을 따르지 않아요.

따라서 부부만의 시간을 꼭 가지십시오. 한 달에 한 번 아이를 돌보는 사람을 쓰더라도 부부만의 시간을 꼭 가지십시오. 데이트가 필요합니다. 돈이 들더라도 데이트를 하시기 바랍니다. '이 돈이면 우리 아이들에게 뭘 먹일 수 있는데…' 이런 것을 걱정하는 시대는 지나갔습니다. 그런 걱정하지 말고 전기가 오도록 데이트를 해야 합니다. 그렇게 자주 데이트를 안 하면 서로 예뻐 보이지 않습니다. 서로에게 긴장감을 느끼지 못합니다. 집에서만 보던 상대를 전혀 다른 장소에서 새롭게 발견해보는 계기를 가져보시기 바랍니다.

가정의 질서 세우기

우리는 하나님이 계시다는 것을 믿는 사람들이며 하나님께서 우리 가정이 올바로 설 수 있도록 도와주시는 분이라는 것을 잘 압니다. 가정 내에서 아버지와 어머니의 역할에는 구분이 있어야 합니다. 훈계의 중요성을 자각하십시오. 훈계를 잘못하면 아이들을 망칩니다. 따라서 아버지의 역할이 중요합니다. 그런데 문제는 가정에서 아버지가 할 일을 어머니가 남겨두지 않고 다 해버린다는 것입니다. 아이들을 야단치고 혼내는 것도 엄마가 하고, 퇴근한 아빠가 아이들을 불러도 들어가서 공부나 하라고 말하는 사람도 엄마입니다. 그러면 아버지의 자리가 남지 않습니다. 그런데 아버지 자리가 없으면 아이는 무서운 게 없습니다. 가정에는 사랑만큼이나 아버지의 권위도 중요합니다. 권위주의는 정말 나쁩니다. 그렇지만 권위가 나쁜 것이 아닌 것처럼 결과적으로 아버지의 권위가 땅에 떨어졌기 때문에 지금 이 시대가 이렇게 어지러워지고 있는 것입니다.

어머니가 아버지의 자리를 세워주었을 때 가정에 큰 행복이 임한 사례입니다. 미국에서 이민생활 15년 동안 일군 사업이 사기를 당해 쫄딱 망한 한인 가정이 있었습니다. 가장은 그 충격으로 앓아 눕고 말았습니다. 그렇다고 산 입에 거미줄을 칠 수는 없는 노릇이니 부인이 나가서 일하기 시작했습니다. 그렇지만 아내는 자녀에게 언제나 절대적으로 아버지를 자랑하고 두둔했습니다.

"너희 아버지 같은 분은 없다. 이러니저러니 해도 아버지가 살아 계시니 우리가 이렇게 사는 거란다."

"엄마, 아빠는 만날 누워만 있고 엄마가 힘들게 일하시면서 뭘 그러세요."

"그런 소리 말아라. 아버지가 안 계시면 너희들도 없어."

하루는 엄마가 수박을 사가지고 왔습니다. 어려운 형편에 모처럼 과일을 보자 먹고 싶은 마음에 아이들이 앞 다투어 달려들었습니다. 그러나 엄마는 단호히 이렇게 말했습니다.

"아버지 일어나시고 나면 아버지 먼저 드리고 먹거라."

방안에서 이 소리를 듣고 있던 남편의 두 눈에서 눈물이 주르륵 흘러내렸습니다. 남편은 '아내가 나를 저렇게 아껴주는데 내가 이렇게 살아서는 안 되겠구나!' 결심하고 다시 일어나 사업을 일으켜서 재기에 성공했다고 합니다.

지혜로운 여인은 이렇게 남편의 자리를 높입니다. 아내가 해야 할 일은 남편의 자리를 올려주는 것입니다. "남편이 잘하면 내가 왜 그만한 내섭을 안 하겠어요?" 이렇게 말할 것이 아니라 아내가 먼저 남편을 올려주십시오. 남편 역시 무엇보다 아내 사랑하기를 먼저 하시기 바랍니다. 그러면 가정의 질서가 세워지게 됩니다.

열혈탱크 목사의 신본주의 자녀교육법 7

1. 매를 들어 자녀를 훈계하는 세 가지 원칙
첫째, 때릴 때는 제대로 효과가 있을 만큼 때린다.
둘째, 체벌은 신중히 한다(자주 때리지 않는다).
셋째, 아버지가 때리는 것을 원칙으로 한다.

2. 자녀들과의 관계의 밀접성 가운데 훈계해야 한다.
자녀에게 효과적인 훈계가 되려면 평소 자녀와 호의적인 관계, 믿을 수 있는 관계가 전제되어야 한다. 부모가 자녀들과 평소 어떤 관계를 맺으며 생활하느냐에 따라서 올바른 훈계가 되기도 하고 안 되기도 한다는 점을 유념하라.

3. 자녀를 훈계할 때는 단계별로 해야 한다.
첫째, 아이들이 실수를 하더라도 경고와 더불어 두세 번의 기회를 주어야 한다.
둘째, 두세 번의 경고에도 불구하고 아이가 같은 잘못을 범했다면 아버지가 독대하여 잘잘못을 가려 체벌하는 것이 좋다.

4. 아버지의 권위가 살아 있는 가운데 자녀에 대한 훈계가 이루어져야 한다.
가정에서 아버지의 권위가 바로 서야 한다. 그 권위는 어머니가 세워주어야 한다. 어머니가 아버지를 무시하면 아버지는 자식에게 훈계든 뭐든 할 수 없는 존재가 되고 만다. 오늘날 아버지의 권위가 땅에 떨어졌기 때문에 가정이 흔들리고 자녀들이 망가지는 것이다.

내 자녀,
하나님의

방식대로
키운다

말씀이 우선입니다. 말씀보다 더 귀한 것은 없습니다.
세상적인 방법과 심리적인 차원으로 아이들에게 접근해서 아이들과 친해질 수 있습니다.
그러나 그런 방법으로는 아이들이 변화되지 않습니다.
말씀이 들어가고 예배가 회복되는 가정에서만이 변화가 일어납니다.

PART **3**

8장 가정예배가 자녀를 변화시킨다

가정을 바로 세우기 위해서는 부모가 가정예배를 책임지고 자녀를 말씀으로 양육해야 합니다. 이때 가장 중요한 것은 남편이자 아버지인 가정의 가장이 제사장으로 회복되어 하나님이 기뻐하시는 가정예배를 드리는 일입니다.

수련회에서 만난 하나님

가정의 화목과 질서는 말씀으로 이루어집니다. 회개 없이 개인의 신앙이 시작될 수 없는 것처럼 가정의 회복도 마찬가지입니다. 가정의 회복도 가슴을 치며 회개하는 부모가 없다면 일어날 수 없습니다. 말씀이 들어가면 잃었던 아이도 회복되는 역사가 일어납니다.

제가 미국에서 사역할 때 가출을 정말 많이 했던 여자아이를 만나 상담한 적이 있었습니다. 그 아이는 무려 일곱 번이나 가출을 했습니다. 처음 가출을 하면 일주일 안에 거의 75퍼센트 이상의 학생들이 돌아옵니다. 가출은 했지만 몹시 힘들거든요. 그래서 대부분 일주일 안에 돌아옵니다. 그런데 문제는 돌아온 아이들 중에 3분의 2가 두 번째 가출을 감행한다는 것입니다. 그렇게 세 번 네 번 가출이 이어지다보면 여자 아이들은 거의 다 몸을 팝니다. 왜냐하면 마땅히 돈을 구할 수 있는 방법은 없고 간신히 아르바이트를 구해서 아무리 열심히 일해도 일주일에 2백 불 벌기도 어려운데 몸을 팔면 너무 쉽게 그만한 돈을 벌 수 있기 때문입니다.

가출이 잦아지면 여자아이들은 자연적으로 몸을 팔게 되어 있습니다. 집안의 외동딸이던 아이가 5번 이상 가출하자 부모도 더 이상 자녀를 찾지 않았습니다. 찾았다가 잃고, 찾았다가 잃는 일이 반복되자 부모님도 마음에 큰 상처를 입었기 때문입니다. 그때 저는 부모님께 이렇게 당부했습니다.

"아이를 찾아서 집으로 데려올 테니 부모님과 싸워 다시 집을 나가는 일이 없도록 절대로 욕하지 마시고 아무것도 묻지 마세요."

마침 그 여자아이를 찾았을 무렵 며칠 후 저희 교회 수련회 기간이 되었습니다. 저는 하나님께 간절히 기도했습니다.

'하나님 아버지, 그 아이를 좀 만져주세요.'

결국에는 하나님께서 수련회 마지막 날 밤 그 아이를 만져주셨고 아이는 소리를 지르면서 회개하기 시작했습니다. 덜덜덜 떨며 저에게 와서 "저 같은 것도 예수 믿으면 구원받을 수 있나요?"라고 울부짖었습니다.

"그럼. 우리 모두 예수님 때문에 구원받았단다."

이 아이가 드디어 예수를 믿게 되었습니다. 수시로 가출하여 가서는 안 될 지경까지 갔던 아이, 겨우 찾아서 집으로 데려오기는 했지만 돌이키는 일이 불가능할 것만 같던 아이가 수련회에서 성령의 만져주심을 경험하자 회개하고 돌아오는 역사가 일어난 것입니다.

성경에 더러운 죄를 지은 사람은 죽어 마땅하다고 기록되어 있습니까? 아닙니다. 예수님은 우리를 위하여 그 죄 때문에 죽으셨습니다. 복음을 깨달은 아이가 다시금 소망을 갖자 눈빛과 얼굴빛부터 달라지기 시작했습니다. 혈색이 달라지고 어디서나 반짝반짝하고 얼마나 예쁜지 모릅니다.

저는 그 아이를 데리고 집으로 갔습니다. 아이는 이제는 정말 정식으로 집으로 돌아가 엄마 아빠를 만나 화해하고 관계를 회복해야겠는데 어떻게 해야 될지 모르겠다고 했습니다. 너무나 오랜 시간 동안 관계가 끊어져 있었으니까요. 그때 제가 한 가지 제안을 했습니다.

"엄마 아빠를 위해 저녁식사를 준비해보는 것은 어떻겠니?"

그러자 만들 줄 아는 음식이 하나도 없다고 하길래 제가 김치찌개 만드는 방법을 가르쳐주었습니다. 김치찌개는 만드는 방법도 쉽고 한국사람들은 대개 김치찌개 한 가지만 있어도 밥을 잘 먹잖아요.

"이제부터 정말 부모님께 잘해라!"

"예, 저도 그러고 싶어요. 화해하고 싶어요. 잘못했다고 용서를 빌고 싶어요."

저녁상을 준비한 아이가 서툰 글씨로 "엄마 아빠, 사랑해요"라고 적은 다음 아래에 다시 "I'm sorry"라고 쓰고 엄마 아빠를 기다렸습니다. 그런데 아이가 제게 다시 전화를 걸어왔습니다. 그렇게 부모님을 뵐 만반의 준비를 했지만 부모님의 반응이 두려운 나머지 제게 도움을 요청한 것입니다. 하루 종일 바빠서 몹시 피곤했지만 저는 그렇게 김치찌개 저녁식사 초대에 응하여 집으로 갔습니다.

부모님은 가게 문을 닫고 8시에 돌아오셨어요. "엄마 아빠, 사랑해요. I'm sorry"라는 팻말을 보자마자 엄마는 눈물을 줄줄 흘리기 시작했습니다. 경상도 사나이인 아버지도 물론 감동을 받았지만 울지 않으려고 애를 썼습니다. 이 말 외에 다른 말은 아무것도 필요하지 않았습니다. 돌아온 부모님과 돌아온 외동딸은 극적인 눈물의 상봉을 했습니다. 저는 잃어버린 딸을 찾은 부모를 위해 간절히 기도해주었습니다.

가정에서 일어나는 말씀과 예배의 회복

이 아이의 회복이 어디서부터 시작되었다고 생각하십니까? 타일러서 돌아온 것입니까? 아닙니다. 그 속에 말씀이 들어갔기 때문에 가능했던 일입니다. 21세기 가정교육 역시 말씀으로 해야 가능합니다. 제가 확신하는 것 한 가지가 있습니다. "나는 믿을 게 못 된다. 그러나 하나님은 믿어야 한다. 하나님은 능력이시다"라는 것입니다. 제가 청소년 사역에 임하면서 갖게 된 확신 역시 "하나님께서 포기하시지 않는 이상 하나님의 도구인 나 역시 내가 가르치는 아이를 포기할 수 없다"라는 것입니다. 그런데 간혹 저도 포기하는 아이들이 있습니다. "저건 진짜 인간도 아니야"라고 입을 쩍 벌리게 하는 아이가 있습니다. 그렇지만 저는 포기해도 절대 포기하지 않으시는 분이 있습니다. 하나님은 포기하지 않으십니다. 그러니까 결국 우리는 하나님한테 잘 보여야 합니다.

그런데 오늘날 기독교 가정에서 어떤 일이 벌어지고 있습니까? 세상 공부는 과외시키면서 성경을 펼치면, 큐티 한다면 돌아오는 말은 동일합니다.

"큰일 날 소리하네!"

"대학 가서 해."

자녀가 교회에서 봉사하겠다고 해도, 새벽기도회에 나가겠다고 해도 돌아오는 대답은 한결같습니다.

"그럴 시간 있으면 공부해!"

그렇지만 정작 대학에 들어가면 술 마시고 엠티 가서 정신없이 쓰러지는 일이 다반사입니다. 이것은 아이들의 문제가 아닙니다. "모든 성경은 하나님의 감동으로 된 것으로 교훈과 책망과 바르게 함과 의로 교육하기에 유익하니"(딤후 3:16)라고 말씀한 것처럼 말씀으로 교육하지 않는 한 우리 아이들을 다 잃어버리게 된다는 것을 잊지 마십시오. 하나님의 말씀으로 교육한다면 이 세상이 감당하지 못하는 아이들이 될 줄 믿습니다. 이 세상은 절대 우리의 자녀들을 감당하지 못할 것입니다.

우리 가정 안에 예배가 서고 말씀이 다시 서서 그 말씀이 우리 가정의 기준이 되어야 합니다. 우리 자녀들이 하나님의 말씀을 기준으로 자기 결정권을 수호하고 존중받으면서 말씀으로 자라난다면 절대로 이 세상 유혹에 쉽게 넘어가지 않습니다.

여학생들이 쉽게 넘어가는 이유가 무엇입니까? 존중받아본 경험이 없기 때문입니다. 남학생들이 쉽게 죄를 짓는 이유는 무엇입니까? 자기 자신이 그 죄보다 귀하다는 것을 모르기 때문입니다. 학생들은 이 사실을 배워야 합니다. 하나님이 이 세상을 말씀으로 창조하신 것처럼 하나님의 말씀으로 새롭게 지어지는 일들이 우리의 가정에서도 일어나기 바랍니다.

가정예배, 이것만 지키면 성공한다

가정에 말씀이 들어가서 회복되려면 가장 먼저 가정예배가 시작되어야 합니다. 가정예배를 드릴 수 있는 근거는 아버지가 가정의 제사장이기 때문입니다. 교회에서 제사장의 역할을 하는 사람은 목사님입니다. 목사님이 성도를 말씀으로 양육하는 사람이듯이 이 마지막 세대에 가정을 바로 세우기 위해서는 부모가 가정예배를 책임지고 자녀를 말씀으로 양육해야 합니다. 이때 가장 중요한 것은 남편이자 아버지인 가정의 가장이 제사장으로 회복되어 하나님이 기뻐하시는 가정예배를 드리는 일입니다.

자녀에게 성경을 가르치려고 해도 가정예배를 드리는 것이 가장 좋습니다. 혹시 가정예배를 드리는 일이 시대착오적이라고 생각하는 사람이 있을 수도 있습니다. 그러나 가정예배 드리는 일을 놓치면 안 됩니다. 예배가 우선입니다. 말씀이 우선입니다. 말씀보다 더 귀한 것은 없습니다. 세상적인 방법과 심리적인 차원으로 아이들에게 접근해서 아이들과 친해질 수 있습니다. 그러나 그런 방법으로는 아이들이 변화되지 않습니다. 말씀이 들어가고 예배가 회복되는 가정에서만이 변화가 일어납니다.

가정예배를 확실하게 드리는 방법은 무엇입니까? 가정예배는 어떻게 드려야 성공입니까? 가정예배를 정착시키고 가정예배에 성공하는 데는 간단한 비밀이 있습니다. 가정예배는 짧으면 짧을수록 좋아요. 그것이 성공의 요체입니다.

가정예배 때 엄마만 은혜받는 장면을 상상해보십시오. 찬송가도 꼭 긴 곡으로 부릅니다. 그러더니 혼자서 박수 치면서 부르다가 "한 번 더!" 부르자고 하고 간신히 5절 끝나기만 기다렸는데 5절이 끝나자마자 "한 번 더!" 부르자고 하면 아이는 '다시는 가정예배 안 드리려!' 라고 속으로 다짐하게 되는 것이지요. 아이는 지금 예배드리기 싫어서 몸을 비비 꼬고 앉아 다른 생각만 하고 있는데 엄마 혼자서 은혜삼매경에 빠져드는 것은 덕이 되지 않습니다.

신앙 연륜이 오래지 않아도 되니까 아버지가 가정예배를 인도하기 바랍니다. 가정예배 인도는 어렵지 않습니다. 또 형식에 얽매이지 말고 쉽고 간단하게 각 가정마다 방식을 정하십시오. 찬송도 한 장만 부르고, 성경도 적은 분량을 읽으세요. 처음에는 각각의 순서를 다 짧게 하세요. 아이들이 먼저 은혜를 받도록 배려해주십시오. 그런 다음 자연스럽게 예배드리는 훈련을 늘려가는 것이 좋습니다. 그러지 않고 초장부터 "자, 오늘부터 성경은 석 장씩 읽겠습니다, 창세기부터 읽습니다" 이러면 아이들이 막 미쳐요. 그러니까 처음에는 잠언이나 시편 같은 성경을 한 장만 읽도록 하십시오. 사도신경 고백하시고, 찬송 하나 부르고, 성경 한 장 읽고, 읽은 말씀으로 잠시 나누고, 기도 제목 나누고, 긴요하게 기도해야 할 일을 놓고 함께 기도하다보면 정말 아주 어린 자녀들이라도 놀라운 기도를 드립니다. 그 다음 주기도문으로 예배를 마치면 됩니다. 이렇게 하면 10분이면 끝납니다.

그런데 가정예배가 끝나고 난 뒤 10분도 중요합니다. 가족끼리 귀한 교제를 나누는 시간을 가지는 겁니다. 과일도 먹고 재미있게 이야기도 나누고 다같이 예배드리니까 좋다는 기분을 만끽할 수 있도록 해주십시오. 그러지 않고 예배가 끝나자마자 "이제 들어가서 빨리 공부해!" 그러면 아이는 예배의 유익을 느낄 겨를이 없습니다. 은혜로운 예배를 드리면 드릴수록 가족끼리 나누는 친교의 시간이 길어집니다.

만일 가정예배를 매일 드릴 수 없다면 일주일에 한 번이라도 특별히 시간을 내어 가정예배를 드리기 바랍니다. 이때 예배 인도는 그 가정의 제사장인 아버지가 맡아 하십시오. 아내이자 어머니는 남편과 아버지의 자리, 특별히 한 가정의 제사장의 자리를 빼앗아서는 안 됩니다.

요즘 우리의 아버지들이 집에서 어떤 대접을 받는지 아십니까? 퇴근해서 집으로 돌아온 아빠는 집 현관에 들어서도 "얘들아, 아빠 왔다!"라는 소리조차 크게 내지 못하고 있습니다. 서둘러서 나온 엄마는 아빠 입부터 틀어막습니다.

"조용히 해! 방금 다들 제 방에 들어가서 공부하기 시작했어. 빨리 발 닦고 들어와!"

아내에게 남편이 어떤 사람입니까? 가족들을 위해 밖에 나가서 고생하고 헌신하는 사람, 아이들의 아버지입니다. 그런데 아버지한테 인사할 시간도 없이 공부만 하는 아이로 우리 자녀를 키운다면 그 아이가 올바로 자라나겠습니까? 제사장의 권위가 바르게 서면 훈계가 이루어질 수 있습니다. 그러나 질서가 바로잡히지 않으면 훈계할 수 없는 겁니다. 엄마가 만날 아버지를 욕하는데 어떻게 아버지를 통해 아이들을 교육할 수 있겠습니까?

10분 예배가 생명을 살린다

불면 날아갈 새라 금이야 옥이야 귀하게 키운 외동아들이 자라서 갱단에 들어가 마약에까지 손을 대며 인생을 막 살기 시작했습니다. 저는 그 아이의 부모에게 절대 포기하지 말고 단 10분이라도 매일 예배를 드리라고 조언해주었습니다. 부부도 아들을 살려야 한다는 일념으로 날마다 뜨겁게 예배드리기 시작했습니다. 그렇게 6개월의 시간이 흐르도록 아이는 부모가 드리는 예배에 전혀 무관심했습니다.

그런데 9개월이 지나고 1년이 다 되어갈 즈음, 아이가 제 방에서 나와 의자에 삐딱하게 앉더니 예배를 한 번 드리겠다고 빨리 시작하라고 그러더랍니다. 그렇게 처음으로 부모님과 함께 예배를 드리고 난 뒤 아이는 이튿날에도 삼 일째 되는 날에도 나와 부모님과 함께 예배를 드렸습니다. 그렇게 두 달을 함께 예배드리던 어느 날, 복음서 말씀 중 예수님이 돌아가시는 장면을 읽는데 갑자기 아이가 털썩 주저앉아 엉엉 울기 시작했습니다. 그러더니 "엄마, 나 같은 놈 때문에 고생했지. 아빠 미안해요. 내가 왜 이렇게 됐을까"라면서 우는 것이었습니다. 세 식구는 서로 꼭 끌어안고 그렇게 오랫동안 울었습니다.

제가 연락을 받고 밤 11시쯤 그 집에 도착했을 때는 세 식구 모두 눈물 콧물 흘리며 울다가 웃다가 그러면서 지쳐 있었습니다. 저는 부모님이 보는 앞에서 그 아이에게 "너는 이제부터 예수 믿는 사람답게 살아가야 한다! 너, 막 살기 전에는 공부 잘했지. 너는 공부할 녀석이야. 비록 고등학교에서 퇴학당했지만 검정고시 보면 되니까 걱정하지 말고 공부 열심히 해라" 이렇게 격려했습니다.

그 아이는 3개월 공부하더니 동기들보다 1년 먼저 대학에 들어갔습니다. 지금은 의과대학에서 심장외과 공부를 하고 있습니다. 결국 부모의 기도와 예배가 그 아이를 살린 것입니다. 우리가 1분을 드리든 10분을 드리든 하나님은 우리가 드리는 가정예배를 기뻐 받으시는 분입니다.

가정의 제사장으로서 영적 권위를 회복하라

우리의 가정에 가정교회가 올바로 서야 교회생활도 제대로 열심히 할 수 있습니다. 한 가정의 제사장으로 선 남편이자 아버지가 목회자의 심정을 헤아리게 되고 서너 식구 지도하는 일도 너무나 어렵다는 것을 경험하게 되기 때문입니다. 이미 제사장의 마음을 품은 그는 교회에서 몇 백 명씩 목회하는 목회자의 고충을 이해하며 문제도 일으키지 않습니다. 가정의 제사장으로 모범적으로 예배드리고 진실하게 자신을 사랑해주는 남편에게 순종하지 않을 아내는 없습니다.

인간의 힘에는 한계가 있습니다. 가정의 화목은 하나님께서 주시는 것입니다. 물론 세상에는 인간의 힘으로 화목한 가정도 있습니다. 그러나 결정적으로 그 인생이 언제나 기쁘고 좋을 수는 없습니다. 우리 인생에는 인간이 감당할 수 없는 문제가 반드시 찾아옵니다. 그때 그 문제는 예배가 아니고서는 절대 극복할 수 없습니다.

한 가정의 제사장이란 참으로 중요한 자리입니다. 그런데 그 자리는 혼자서 할 수 있는 자리가 아니에요. 도움이 필요합니다. 아버지가 예배를 인도하고 엄마는 예배 인도를 도와야 합니다. 그러면 아버지가 출타 중일 때 예배를 인도하는 사람은 누가 되어야 합니까? 바로 아버지가 지목한 사람이 맡아야 합니다. 이때 저는 아이들을 시키는 것이 최고라고 생각합니다. 가정예배를 인도하는 아버지의 자리가 얼마나 중요한지 아는 아이에게 아빠가 매번 예배 인도를 부탁한다고 생각해보십시오. 그것은 자연히 그 자녀를 인정하는 태도로 비칩니다. 그러면 아이도 정말 열심히 준비하여 예배를 인도하고 그러는 사이에 성숙해갑니다.

　엄마가 예배 인도를 맡지 않는 것은 그 가정의 제사장인 아버지를 받들고 자녀들에게 기회를 주는 의미가 있습니다. 그런다고 신앙이 떨어질 엄마는 없어요. 그러면 자녀들이 아버지의 자리를 올려주는 엄마를 무시하거나 하지 않을까요? 절대로 그렇지 않습니다. 왜냐하면 아버지가 가장 사랑하는 사람이 엄마이기 때문입니다. 그러면 질서가 생기고 가정이 바로 서게 됩니다.

　가정은 작지만 아름다운 교회가 되어야 합니다. 교회에 나온 지 얼마 안 되고 예배도 잘 모른다고요? 그때는 아는 만큼 하면 됩니다. 그 사정은 하나님께서 가장 잘 알고 계시기 때문입니다. 장로님이 드리는 예배와 초신자가 드리는 예배에 차이가 있을까요? 하나님은 장로님이 드리는 예배나 초신자가 드리는 예배에 모두 임재해주시는 분입니다. 도리어 기존 예배에 익숙한 장로님들이 미사여구로 나열하여 드리는 기도보다 아이들이 드리는 진솔한 예배의 모습을 훨씬 더 좋아하십니다.

열혈탱크 목사의 신본주의 자녀교육법 8

1. **말씀만이 가정의 회복을 약속한다.**
   가정의 화목과 질서는 말씀으로 이루어진다. 회개 없이 개인의 신앙이 시작될 수 없는 것처럼 가정의 회복도 마찬가지이다. 가정의 회복도 가슴을 치며 회개하는 부모가 없다면 절대로 일어날 수 없다. 말씀이 들어가면 잃었던 아이도 회복되는 역사가 일어난다.

2. **하나님의 능력이 내 자녀를 변화시킬 것을 믿어야 한다.**
   부모가 인간적으로 힘써 노력한다고 자녀가 변화되는 것은 아니다. 자신의 힘을 믿지 말고 하나님의 능력을 믿어라. 하나님의 능력으로 이루지 못할 일은 없다. 부모는 지치면 자식을 포기하지만 하나님은 결코 포기하지 않으신다. 하나님의 능력이 자녀를 변화시킬 것을 반드시 믿어라.

3. **가정의 변화는 가정예배에서 시작된다.**
   예배가 우선이다. 말씀이 우선이다. 말씀보다 더 귀한 것은 없다. 세상적인 방법과 심리적인 차원으로 아이들에게 접근하여 아이들과 친해질 수 있다. 그러나 그런 방법으로는 아이들이 변화되지 않는다. 말씀이 들어가고 예배가 회복되는 가정에서만이 변화가 일어난다.

4. **가정예배 성공의 원리**
   첫째, 가정예배는 10분 정도로 짧게 드리는 것이 좋다.
   둘째, 가정예배는 아버지의 영적 권위를 세우는 측면에서 아버지가 인도해야 한다.
   셋째, 아버지의 부재 시에는 아버지가 지목하는 자녀가 맡아서 인도한다.

9장 부모의 축복기도가 자녀를 살린다

아버지의 축복으로 들어가도 나가도 복을 받는 인생, 어디를 가든지 복을 누리는 인생이 될 수 있습니다.
부모가 축복하지 않는 인생은 어디를 가든지 꼬입니다.
아버지가 오른손을 자녀의 머리에 얹고 마음껏 축복하세요. 엄마도 마찬가지입니다.

자신을 사랑할 힘을 주는 말

교회는 세상의 기준으로 사람을 보는 곳이 아닙니다. 보통 머리에 물을 들이고 귓바퀴에 무언가 꽂고 찢어진 청바지를 입은 아이들을 불량하다고 이야기합니다만 교회는 그런 아이들을 아름답다고 이야기해야 하는 곳입니다. 겉모습만 보고 앞으로 어떻게 될지 알겠다는 식으로 함부로 말씀하지 마십시오. 그것은 형제를 실족시키는 일입니다. 소망을 잃고 삶의 의욕과 가치를 잃어버려서 결국 죄악의 길로 접어들게 만듭니다. 청소년들이 마약에 빠지는 데 가장 큰 원인을 제공하는 사람은 부모입니다. 부모의 말 한마디가 자녀를 그렇게 만들어버릴 수 있습니다. 그러나 이것은 예수만 제대로 믿으면 다 해결됩니다.

현실적으로 우리의 아이들은 16살 이전에 약 49퍼센트 정도가 성 경험을 한다고 합니다. 그들 중 처음으로 성을 경험하는 평균 연령이 13살입니다. 성에 대해 무지한 상태에서 남자 상급생에 의해 일방적인 성 경험을 하게 되는 여자 아이들의 공통적인 특징이 있습니다. 그들은 한 번도 자기 자신이 소중하다는 생각을 해보지 못했다는 것입니다. 한 번도 자기 자신이 아름답고 귀한 존재라고 인식하지 못했다는 것입니다. 그런 상태에서 누군가 자신을 예쁘다, 아름답다, 너는 소중하다고 이야기해주니까 저절로 넘어가게 되는 것이지요.

그러면 그 아이들은 자신이 소중한 존재인지, 천하보다 귀하고 아름다운 존재인지 왜 인식하지 못한 것입니까? 여기에 부모의 책임이 있습니다. 부모의 입술에 얼마나 큰 능력이 있는지, 얼마나 대단한 권세가 있는지 모르는 것이지요. 부모에게는 말씀으로 이 세상을 창조하신 하나님의 형상이 내재해 있습니다. 그런데도 부모가 '사랑' 이라는 이름으로 아이들에게 언어의 폭력을 휘두른다고 생각해보십시오.

빛이 조금도 들어오지 않는 상자를 두 개 준비한 다음 그 안에 쥐를 넣고 하루에 세 번씩 한쪽에는 "너는 죽을 거야. 너는 죽을 거

야. 너는 죽을 거야"라고 말하고 다른 한쪽에는 '괜찮아, 너는 꼭 해낼 수 있어, 너는 반드시 살 거야'라고 이야기했습니다. 그러자 단 삼 일 만에 한 마리는 죽고 다른 한 마리는 살았다고 합니다.

우리의 자녀들이 그 말을 못 알아듣는다고 생각하십니까? 그렇지 않습니다. 그와 반대로 자녀들은 부모의 잦은 실수에도 불구하고 계속해서 부모를 믿어주고, 사랑하고, 엄마 아빠라고 부르고 있습니다.

인정과 응원의 힘을 가진 말

공부를 너무 못하는 학생이 있었습니다. 어느 정도 공부를 못하느냐면 산수를 못했습니다. 수학도 아니고 산수를 못해서 30 빼기 10을 30이라고 하는 아이였어요.

그런데 이 아이의 아버지는 조금 달랐던 모양입니다. 아버지가 아이에게 "30 빼기 10이 어떻게 30이냐?"라고 물어보았습니다. 그러자 다시 한 번 생각해본 아이가 자기는 아무리 해도 30 빼기 10은 30이라고 말합니다. 뺀다는 것은 없어진다는 뜻이니까 '30'이 여기 있고 '-10' 하면 '10'이 없어져서 '30'만 남는다는 것이지요.

다른 부모 같으면 욕하고 야단을 쳤을 텐데 이 아버지는 아들의 생각에 일리가 있다고 보고 이제부터 우리 집에서는 30 빼기 10은 30이라고 정하자고 이야기했다는 것입니다. 아버지의 적극적인 동의를 얻고 나서부터 아이는 자신감이 생겼습니다.

솔직히 30 빼기 10을 30이라고 하는 아이가 30 빼기 10이 20인지 진짜 몰라서 그렇게 말했겠습니까? 아는 아이가 그러죠. 아버지의 인정을 받아 자신감을 갖게 된 아이는 자라서 노벨경제학상까지 받는 유명한 경제학자가 되었습니다.

부모의 한마디가 자녀를 훌륭한 사람으로 만들 수 있습니다. 부모에게는 그런 능력이 있습니다. 그러나 그 능력을 잘못 사용하면 큰 낭패를 볼 수도 있습니다. 우리의 자녀는 정말 귀한 아들 딸이며 진정한 사랑을 받아야 하는 존재입니다.

북한이 왜 무서운지 아세요? 핵을 가지고 있어서 무서운 게 아닙니다. 진짜 무서운 이유는 갓난아기들을 탁아소에 맡기기 때문입니다. 어릴 때부터 격리되어 엄마 아빠의 정신을 하나도 소유하지 못한 채 사상 교육과 훈련을 받게 하는 그 실상이 무서운 거예요. 가정은 그만큼 중요합니다.

부모의 축복권

윌리엄 헤즐럿이라는 사람이 이런 말을 했습니다.

"별명은 악마가 사람을 향해 던질 수 있는 가장 무거운 돌이다."

우리가 흔히 저지르기 쉬운 잘못이 있습니다. 우리는 쉽게 별명을 짓고 그 별명을 이름 대신 손쉽게 부릅니다. 그런데 그 별명이라는 것이 신체적인 특징이나 약점을 상징하는 것이 대부분이어서 자존감을 해치는 경우가 많습니다. 심지어 "너는 누굴 닮아서 그렇게 머리가 돌이냐?"라는 말까지 서슴없이 합니다.

그러나 우리의 입술에는 힘이 있습니다. 우리는 하나님의 형상으로 창조되었습니다. 하나님은 말씀으로 천지를 창조하셨습니다. 따라서 부모가 자녀를 부르는 별명도 잘 지어야 합니다. 만날 "이놈 저놈"이라고 불러서는 안 됩니다. 예수님도 시몬에게 베드로라는 이름을 주셨습니다. 성경을 보면 하나님께서 복을 주셔서 그 이름을 바꿔준 사람이 나옵니다. 아브람이 '아브라함'이 되고, 야곱이 '이스라엘'이 되고, 시몬이 '베드로'라는 이름으로 바뀌었습니다. 따라서 부모도 이름으로 자녀를 축복해주어야 합니다.

저는 백성 '민'(民)에 터 '기'(基) 자를 씁니다. 아버지가 저를 '백성의 터'가 되라고 지어주신 이름이지요. 아버지는 제가 어렸을 때부터 모세를 생각하면서 백성의 터가 되라는 뜻으로 제 이름을 지으셨다고 늘 말씀해주셨습니다. 그런 이야기를 듣고 자란 제가 자신감이 없었겠습니까?

개인적으로 저는 다른 사람이 다 못한다고 해도 '나는 할 수 있을 거야', '한 번 해보고 싶어' 라는 소망을 줄곧 품어왔습니다. 부흥이 안 되면 그 교회에 지원하여 하나님의 부흥을 일으키고 싶고, 부서가 안 되면 열심히 사역하여 놀라운 목표를 달성해보겠다는 의지를 불태우게 됩니다. 이것은 하나님이 주시는 놀라운 역사이자 부모님이 저에게 보여주신 신뢰와 자신감이 그대로 표현된 것이지요. 이런 축복이야말로 부모가 자녀에게 줄 수 있는 귀한 일입니다.

축복하라

부모는 말씀의 권위를 가지고 말씀의 능력으로, 말씀 중심으로 가정을 이끌어가야 합니다. 말씀 중심으로 가정을 이끌어가는 부모가 해야 할 첫 번째 일이 축복입니다.

제가 한국에서 처음 사역을 시작할 때의 일입니다. 아이들을 보고 있자니 공부에 지친 우리 아이들이 너무나 안쓰러운 마음이 들어서 제가 이 아이들을 안아줬습니다. 그때 징그럽다느니 성희롱이라면서 거부하던 아이들이 지금은 어떻게 변했는지 아십니까? 이제는 막 뛰어와서 안깁니다. 고등학교를 졸업하고 대학에 다니는 아이들도 저에게 뛰어와서 안깁니다. 사랑을 표현하는 일이 좀 더 자연스러워진 셈입니다.

한번은 수능시험을 앞두고 있는 고3 학생들과 예배를 드리고 난 뒤 그들을 위해 축복하며 기도했습니다. 아이들이 너무 불쌍해서 눈물이 났습니다. 그때 고3 아이들이 주르르 내려와서 하는 말이 자기들을 한 번씩 안아달라는 것이었어요. 저는 시험 잘 보라고 격려하며 한 사람 한 사람을 일일이 안아줬습니다. 그런데 대여섯 명이 또다시 안아달라고 하길래 그 아이들을 조용히 안아주면서 깨달았어요.

'아, 이거구나! 아이들은 축복받기 원하는구나!'

가정에서 사용하는 우리의 언어를 돌아보십시오. 어떤 축복의 말을 쓰고 계십니까? 우리에게는 축복권이 있습니다. 특별히 가정의 제사장인 아버지는 자녀를 축복할 수 있는 권한이 있습니다. 아이들의 머리에 손을 얹고 기도할 수 있습니다. 그런데 얼마나 그렇게 하고 계십니까? 물론 부모도 아이들을 축복하는 많은 말들을 해주고 싶어 합니다. 그러나 아이들과 만나 대화할 시간이 없고 피곤

하고 그러다보니 가장 진지하게 꼭 해야 할 말만 하는 경우가 많은데 그 말이 "공부하라"는 것입니다. 아이들은 왜 우리 엄마가 날 사랑한다는 말을 안 하는지 의아해합니다. 아이들 역시 "엄마, 사랑해요"라는 말을 잘 하지 못합니다. 어렸을 때부터 그렇게 하지 않았기 때문에 "사랑한다"라는 말을 들으면 도리어 깜짝깜짝 놀랍니다.

어느 날 집회에 참석했던 한 아버지가 배운 대로 "얘야, 아빠는 널 많이 사랑한다"라고 말했는데 아이가 "왜 이래? 술 먹었어, 아빠? 목사님이 술 먹지 말라고 하셨잖아!"라고 하더라도 사랑한다고 말씀하십시오. 심장마비가 일어날 것 같더라도 해야 합니다. 지금까지 안 한 것이 문제였다면 앞으로 계속 안하는 것은 더 큰 잘못입니다. 아이들에게 이야기하십시오.

"아빠는 너를 사랑한다. 그동안 미안했다. 아빠가 좀 더 좋은 아빠가 되도록 노력하마."

그러면 아이들은 그 말에 위로를 받습니다. 그렇게 말한 당사자인 아빠도 똑바로 하려고 노력을 기울입니다. 더 좋은 아빠가 되도록 노력하겠다는 아빠의 정중한 말을 들은 아이들도 더 좋은 자녀가 되겠노라 다짐하게 되는 것입니다.

"칼로 찌름 같이 함부로 말하거니와 지혜로운 자의 혀는 양약

같으니라"(잠 12:18).

칭찬하는 데 인색하지 마십시오.

"무릇 더러운 말은 너희 입 밖에도 내지 말고 오직 덕을 세우는 데 소용되는 대로 선한 말을 하여 듣는 자들에게 은혜를 끼치게 하라"(엡 4:29).

얼마나 좋은 말씀입니까? 듣는 사람들에게 은혜가 되도록 말하십시오.

말 한마디로 분위기를 살리는 사람이 있는가 하면 말 한마디로 좋았던 분위기를 일순간에 식혀버리는 사람이 있습니다. 그러면 일순간에 분위기를 쫙 올리는 사람의 특징은 무엇입니까? 그 분의 입술이 지혜롭습니다. 정말 기분 좋은 이야기를 해준다는 것입니다. 그것은 아이들도 똑같습니다. "엄마는 너 하나 보고 산다" 이런 말은 자식에게 부담이 될 수 있습니다. 반면에 "엄마는 네가 참 건강하고 씩씩해서 좋아!"라고 말하면 아이도 기분이 좋아집니다. 자녀에게 기분이 좋아지는 말, 격려하는 말, 배려하는 말, 축복하는 말을 하기 바랍니다. 축복하는 연습을 해야 합니다.

아버지의 축복 파워

말에는 엄청난 힘이 있습니다. 하나님의 능력을 믿으십니까? 사탄이 우리의 가정을 호시탐탐 노리며 공격해오더라도 하나님의 능력으로 부모의 입에서 나오는 말로 귀신에게 나가라고 명령할 수 있습니다. 부모의 입술로 자녀를 축복할 경우 부모가 축복하는 그 일들이 실제로 일어나게 될 것입니다.

아버지는 가정의 제사장이에요. 아버지는 자기 자식의 머리에 손을 얹고 기도해도 됩니다. 매일매일 기도하세요. 제 아이도 제가 2,3주 정도 집을 비웠다가 돌아오면 후다닥 달려나와서 머리부터 들이댑니다. '어디 갔다 이제 왔어요, 빨리 빨리 축복해주세요' 이런 뜻입니다. 하나님의 사람에게는 축복의 특권이 있습니다.

당신은 사랑받기 위해 태어난 사람
당신의 삶 속에서 그 사랑 받고 있지요.
당신은 사랑받기 위해 태어난 사람
당신의 삶 속에서 그 사랑 받고 있지요.
태초부터 시작된 하나님의 사랑은
우리의 만남을 통해 열매를 맺고

당신이 이 세상에 존재함으로 인해

우리에게 얼마나 큰 기쁨이 되는지

당신은 사랑받기 위해 태어난 사람

지금도 그 사랑 받고 있지요.

당신은 사랑 받기 위해 태어난 사람

지금도 그 사랑 받고 있지요.

엄마의 콤플렉스 치유

　엄마의 보살핌에는 콤플렉스를 치료하는 힘이 있습니다. 아이들이 심각하게 고민하는 콤플렉스에는 무엇이 있습니까? 사실 공부 못해서 콤플렉스를 느낀다는 아이들은 별로 없습니다. 대부분 외모 콤플렉스에 치중되어 있습니다. "나는 왜 이렇게 얼굴이 네모질까?", "내 얼굴은 왜 이렇게 동그랄까?", "다리는 왜 이렇게 짧아?" 등의 문제로 고민합니다. 그런데 그것을 엄마가 고쳐줄 수 있습니다. 엄마가 따뜻하게 안아주고 기도해주면 콤플렉스가 치유됩니다.

　얼굴에 여드름이 진짜 많이 나는 여학생이 있었습니다. 하지만 그 학생의 엄마는 계속 이렇게 이야기합니다.

　"우리 딸이 제일 예쁘다, 우리 딸이 제일 예쁘다, 정말 예쁘다."

딸이 손사래를 치며 "엄마, 그만해"라고 말해도 사실은 엄마의 그 말에 큰 위로를 받습니다. 결국 정말 예쁘고 깨끗한 얼굴로 변화 되었습니다. 엄마가 그런 이야기를 해주어야 합니다. 자신감은 아버지가 책임지고 축복해주십시오. 아버지의 축복으로 들어가도 나가도 복을 받는 인생, 어디를 가든지 복을 누리는 인생이 될 수 있습니다. 부모가 축복하지 않는 인생은 어디를 가든지 꼬입니다.

하나님이 주시는 이 능력은 어린아이에게도 있습니다. 아이들도 부모를 축복해야 합니다. 우리의 가정에서 어떤 언어가 사용되고 있는지, 그리고 가정에서 어떤 이야기들이 오가는지, 가정에서 자녀에게 무슨 말을 하는지, 또 자녀가 부모에게 무슨 말을 하는지 그런 이야기가 소통되어야 어려움 가운데 빠진 청소년들이 부모님을 찾게 됩니다. 부모를 가장 필요로 할 때 자연히 부모에게 갈 수 있도록 혀의 권세를 다스리십시오. 언어를 훈련하여 사용하시기 바랍니다.

프랑스에는 역사상 69명의 왕이 있었습니다. 그런데 그 69명의 왕 중에 몇 명의 왕을 좋은 왕이라고 평가하는지 아십니까? 단 3명입니다. 그 3명이 존경받는 이유가 있습니다. 그 3명은 엄마가 직접 길렀고 다른 왕들은 하나같이 보모들이 길렀어요. 그만큼 가정이 중요합니다. 하나님이 주신 식구보다 더 중요한 것은 없습니다. 그들을 축복하고 사랑해야 합니다.

> 아주 먼 옛날 하늘에서는 당신을 향한 계획 있었죠.
> 하나님께서 바라보시고 좋았더라고 말씀하셨네.
> 이 세상 그 무엇보다 귀하게 나의 손으로 창조하였노라.
> 내가 너로 인하여 기뻐하노라, 내가 너를 사랑하노라!

축복기도로 회복되는 가정

자녀를 안아주십시오. 아버지가 오른손을 자녀의 머리에 얹으세요. 그리고 마음껏 축복하세요. 엄마도 마찬가지입니다. 생각나는 대로 다 축복하세요. 기도하세요.

"하나님! 이 자녀가 이 시간에 정말 하나님의 축복을 받는 자녀가 되게 하여주옵소서! 반드시 이 세대에 하나님께 쓰임받는 자녀가 되게 해주옵소서! 죄악에서 벗어나게 해주옵소서!"

기도하십시오. 돌아가면서 꼭 안아주세요. 아이들도 이 일을 절대로 잊지 않을 것입니다.

할렐루야! 하나님은 이 모습을 보십니다. 우리 가정에 이런 모습이 계속 된다면 잘못되라고 해도 잘못될 아이가 없습니다. 부모는 남 탓하거나 사회를 탓할 일이 없습니다. 하나님께서 부모에게 지금도 살아 계서서 역사하시기 때문입니다.

오늘날 청소년의 문제, 갖가지 범죄와 성문제, 아이덴티티의 문제는, 부모가 하나님을 최우선으로 모시지 않았기 때문에 벌어진 일들입니다. 따라서 부모는 하나님 앞에서 할 말이 없습니다. 모든 가정은 아름다워지기 원하고 화목하기 원합니다. 저 역시 그것을 위해 일합니다.

화목한 가정만큼 아름다운 것은 없습니다. 하나님께서는 부모에게 선물을 주셨습니다. 가정을 섬기는 특권이 부모에게 있다는 사실을 잊지 마시기 바랍니다.

열혈탱크 목사의
신본주의 자녀교육법 9

1. 부모의 말 한마디가 자녀를 살린다.
부모의 입술에는 참으로 큰 능력과 권세가 있다. 부모에게는 말씀으로 이 세상을 창조하신 하나님의 형상이 내재되어 있다. 부모의 말에는 자녀의 생명을 살리는 힘이 있다. 부모의 말 한마디가 자녀를 훌륭하게 만들 수 있다. 부모에게는 그런 능력이 있다. 그러나 그 능력을 잘못 사용하여 악담하면 자녀의 인생을 망칠 수도 있음을 유념하라.

2. 부모는 자녀에 대한 축복권을 행사해야 한다.
부모는 말씀의 권위를 가지고 말씀의 능력으로, 말씀 중심으로 가정을 이끌어야 한다. 말씀 중심으로 가정을 이끌어가는 부모가 해야 할 첫 번째 일이 자녀에 대한 축복이다. 주님의 이름으로 빌어주는 자녀에 대한 부모의 축복은 자녀의 인생을 변화시킨다. 특히 아버지는 가정의 제사장으로서 자기 자녀의 머리에 손을 얹고 축복기도를 해주어야 한다.

3. 엄마의 격려가 자녀의 콤플렉스를 치료한다.
엄마의 보살핌에는 자녀의 콤플렉스를 치유하는 힘이 있다. 자녀들은 공부 못하는 콤플렉스보다 외모에 대한 콤플렉스가 많다. 이때 엄마의 격려는 자녀의 자아상을 높여줄 수 있다. 엄마가 격려의 말로 자신감을 심어줄 때에 자녀는 큰 위로를 받는다. 엄마가 자녀의 상태를 세심하게 관찰하여 따뜻한 말로 감싸는 것이 자녀에게는 영혼의 보약이 된다.

말씀과 기도로

하나님의 사람으로 세운다

우리는 예수를 믿는 사람들입니다. 이 세상을 믿지 않고 자신도 믿지 않습니다. 예수님만 믿는 것입니다.
하나님의 말씀대로 가르치고 기도로 세우는 하나님의 사람의 온전한 가정이 회복되어야 합니다.
그러나 우리 가운데 여전히 우리 아이들을 세상적으로 가르치는 그리스도인,
대학 진학을 목표로 세상 교육에 열을 올리는 그리스도인이 있다는 것이 너무나 안타깝습니다.

PART **4**

10장 내 자식만이 아니라 남의 자식도 챙기는 신앙의 부모가 되라

부모가 교회에서도 자기 자식만 챙기고, 자기 자녀만 먹이는 모습은 삼가야겠습니다.
함께 기도하고, 같이 뒹굴고, 흠뻑 땀을 흘리십시오.
끼리끼리 모여서 할 수 있는 것이 아니라 다같이 할 수 있는 운동을 하십시오.

생명을 살리는 대장정에서 가장 중요한 것은?

교회당이 거룩한 것이 아니라 교회가 거룩합니다. 예배당 건물 자체에 의미가 있는 것이 아니라 우리가 예배드리는 장소이기 때문에 의미 있는 것과 마찬가지입니다. 만일 지금의 예배당이 그 전에 나이트클럽이었는데 그 건물을 밀고 예배당을 건축했다고 해서 그 교회에 귀신이 우글우글하다거나 성도들이 모여서 귀신을 찬양하고 있는 것입니까? 아닙니다. 이제 그곳은 하나님의 이름으로 하나님의 사람들이 모이는 곳으로 하나님이 임재하시는 장소입니다.

우리는 쓸데없는 데 승부를 거는 경향이 있습니다. 정말 중요한 것은 간과한 채 사소한 데 목숨을 걸고 있습니다. 우리의 아이들은 건강하고 지극히 정상입니다. 넘치는 에너지를 주체하지 못해 체육관뿐만이 아니라 복도에서도 뛰고 사방으로 뛰어다니는 것이 당연하지요. 아이들이 점잖게 걸어다니거나 앉아 있기만 한다면 그것은 정상이 아닙니다. 그런 아이들이 교회에서 조금 뛰었다고 뺨을 올려붙인다거나 교회에서 내쫓아버리는 것은 중요한 것을 놓치는 일입니다.

머리를 노랗게 물들이고 나온 아이가 있으면 자세히 보고 이렇게 이야기해주세요.

"여기에 주황기가 더 들어가야 색이 살지! 이 노랑색은 약하다, 약해."

"아버지가 이것보다 진하게 하면 죽인데요."

"야, 안됐다. 이게 한 거냐, 안 한 거냐?"

"그렇죠, 목사님! 어떻게 하죠?"

목사와 이런 대화를 나누는 아이는 가출을 해도 저를 찾아옵니다. 정말 어려운 순간에 저를 찾습니다. 그럴 때 제게 오지 않으면 그 아이를 놓치고 마는 겁니다. 정말 어려운 순간, 떠오르는 목사님이나 장로님, 안수집사님과 같은 교회 어른들을 찾아올 수 있도록 만드는 것도 아이들의 생명을 살리는 사역의 일환이 됩니다. 이런 일이 활성화되도록 모여서 기도하는 일뿐만 아니라 적극적인 지원이 필요합니다. 청소년들의 스키 트립을 지원하고 수련회를 지원하고 간식을 지원하는 일에 동참하시기 바랍니다.

교회 연합집회에 온 가족이 다같이 모여서 마지막 시간에 부모와 자녀가 함께 기도하는 모습은 너무나 아름답습니다. 하지만 부모가 교회에서도 자기 자식만 챙기고, 자기 자녀만 먹이는 모습은 삼가야겠습니다. 함께 기도하고, 같이 뒹굴고, 흠뻑 땀을 흘리십시오. 끼리끼리 모여서 할 수 있는 것이 아니라 다같이 할 수 있는 운동을 하십시오. 공유할 수 있는 추억을 만드는 겁니다. 교회를 생각할 때나 가정을 생각할 때 언제나 하나님의 사랑과 부모님의 사랑이 떠오르고 느껴지도록 해야 합니다.

청소년 사역자를 지원하라

아이들은 3박4일, 4박5일 동안 수련회에 다녀오면 변합니다. 변할 수밖에 없습니다. 어른은 수련회에 다녀와도 변할 듯 말 듯 그러다가 말지만 아이들은 변합니다. 그러니까 청소년들을 대상으로 하는 수련회가 더 중요한 셈입니다. 아이들은 수련회에 반드시 참석해야 하고 수련회를 통해 변화되어야 합니다. 그런데도 청소년을 위한 집회는 장년 부흥회와 질적으로 차이가 심합니다. 강사를 위한 사례비야 말할 것도 없고 초청강사 대접도 전혀 다릅니다. 장년들이 부흥회를 통해 변할까 말까 할 때 아이들은 확 변해버리는데도 집회를 마치고 돌아가는 강사에게 "수고하셨습니다. 교통비라도 하십시오" 그러면서 진짜 교통비 정도의 강사료를 주고 있습니다.

저도 처음 청소년 사역을 시작할 때 집회 부탁을 받고 강사비 없이 집회를 진행한 적이 많았습니다. 집회 때문에 7시간, 8시간씩 운전해서 지방으로 갈 때, 내려갈 때는 기름값이 있었는데 올라올 때는 기름값도 없을 때가 얼마나 많았는지 모릅니다. 지방의 작은 교회가 알음알음 연합해서 개최한 집회에서 어떻게 강사비를 받을 수 있겠습니까? 정말 기름이 떨어져서 주유소에 차를 세우고 기도하기도 했습니다. 그때마다 하나님께서 기적같이 도와주십니다만 사실 이런 사정은 제 세대로 끝났으면 좋겠다는 바람입니다. 청소년 사역자들이 좀 더 우대받고, 그래서 청소년 전문 사역자들이 계속 이 일에 힘쓸 수 있도록, 금세 지치지 않도록 도와주시기 바랍니다.

작지만 반드시 필요한 그런 일에 힘쓰다보면 우리 자녀들이 다르게 생각하기 시작합니다. 말하지 않아도 알게 됩니다. 그리고 '우리 교회는 좀 틀리구나! 우리 부모님은 틀리구나!' 라고 느낍니다.

이것이 진정한 교육입니다. 교육에 테크닉은 없습니다. 가정이 잘 되려면 어떻게 해야 합니까? 별다른 기술이나 방법이 있는 것이 아닙니다. 정직하게, 내 마음을 그대로 보여주고, 말로만 하지 않는 것 그것이 가장 중요합니다.

기성세대가 2세를 잃는 이유

기성세대들이 2세들을 잃어버리는 원인이 뭐라고 생각하십니까? 바로 말만 하기 때문입니다. 말로만 사랑한다고 하면 소용이 없습니다. 2세 교육에 대한 비전을 가지고 있는 교회는 멋지게 체육관도 짓습니다만 정작 체육관 풍경이 이렇다면 곤란합니다. 체육관 내에 탁구대가 열 대 있는데 아이들은 하나도 없고 전부 장년 성도들이 독차지하고 있거나 아이들이 와서 무엇을 좀 하려고 그러면 저리 가라고 내쫓기 일쑤라면 새로 체육관을 지은 의미가 없습니다. 체육관은 우리의 아이들, 2세들 위주로 지어야 합니다.

대개 주보에 보면 '다음 세대를 위한 교회', '다음 세대를 생각하는 교육'이라는 교회 표어가 선명한데도 다음 세대를 위해 헌신하는 교회는 별로 없습니다. 멋들어진 예배실을 짓기 전에 체육관부터 지어주십시오. 그렇게 하지 않았다면 비전이 틀리지 않느냐고 지적하십시오. 아이들을 위한다고 말로만 떠드는 어른들 때문에 우리 아이들이 상처받고 있습니다.

우리는 교회에 나오는 모든 아이들의 부모입니다. 그렇기 때문에 그 아이들 중에 누가 이상하다고 하면 화를 내거나 그 아이를 위해 싸워줘야 합니다. "도대체 당신이 뭔데 그래?" 또는 정중하게 "죄송합니다만 아이가 무엇을 잘못했는지 저에게 말씀해주실 수 있으십니까?"라고 이야기해야 합니다. 어느 누구도 그 아이들을 함부로 하지 못하도록 보호해주십시오. 그래야 그 아이들이 잘못할 때 교회 어른이나 부모가 제대로 가르칠 수 있습니다. 그러면 교회를 잊을 수 없고 늘 교회에 오고 싶어 합니다. 교회에서 가까운 대학에 진학하여 언제나 교회를 섬길 수 있도록 하는 일이 가능해집니다. 그것이 바로 '홈 처치'(Home Church)입니다. 어려서 나고 자랐다고 다 홈 처치가 아니에요. 그런 기분이 들어야 합니다.

대학에 진학했다면 기념으로 여행도 보내주시고 편지도 보내주십시오. "우리가 너를 생각하며 너를 위해 기도하고 있다, 네가 그 학교의 선교사라는 것을 믿고 기도한다"라고 격려하면 그 아이가 절대로 잘못되지 않아요. 물론 잠깐 힘들 수도 있고, 유혹에 빠질 수도 있고, 죄를 지을 수도 있습니다. 하지만 그것은 부모도 마찬가지입니다. 부모뿐 아니라 모든 사람이 죄를 짓습니다. 죄인이 아니면 교회에 올 필요가 없습니다.

저는 헤매는 아이들이 교회로 모여들기 바랍니다. 교회가 아이들의 상처를 치유하는 곳이 되기 바랍니다. 그러면 어떻게 하면 치유됩니까? 사랑해주어야 합니다. 내적 치유는 사랑으로 시작해서 사랑으로 끝이 납니다. 조건이 없습니다. 오직 주님을 만나면 모든 것이 해결됩니다. 그때까지 기다려주어야 합니다.

목적은 변화다!

하루에 담배 네 갑을 피우는 아이가 있었어요. 한 갑에 20개비니까 네 갑이면 80개비인데 그것은 참으로 대단한 양입니다. 14살 때부터 그만큼 피우기 시작했다고 합니다. 저는 그 아이가 17살이 됐을 때 만났습니다. 수련회에서 담배 피우는 사람이 있으면 손 들라고 하고 손 든 아이들을 데리고 나왔습니다. 그런 다음 제가 어떻게 했는지 아십니까? 담배 한 개비씩 나눠주고 참느라 힘들었다면서 일일이 담뱃불을 붙여주었습니다. 그러면 아무리 거리낌 없이 담배를 피우는 아이들이라도 미칩니다. 대강 알아서 해결하겠다며 저를 슬슬 피합니다. 그러나 저에게는 이런 믿음이 있습니다.

"목사가 불 붙여준 담배 피운 그 아이는 변한다!"

담배를 피우면서도 속으로는 '아, 이제 담배를 피울 수도 없고 그렇다고 안 피울 수도 없으니…' 라는 생각에 마음이 복잡해 있을 녀석들에게 저는 분명한 원칙을 제시합니다. 담배를 피는 사람은 보통 식후에 담배 생각이 간절해집니다. 그러면서 눈앞에 구름이 어른거리기까지 합니다. 이 점을 잘 알기 때문에 아침 먹고 한 번, 점심 먹고 한 번, 저녁 먹고 한 번 그리고 은혜로운 집회를 마친 후에 또 한 번 그렇게 하루 네 차례 담배 피우는 것을 허락했습니다.

저는 담배를 피우도록 해준다는 이유로, 마약하는 아이들을 데리고 수련회를 했다고 이단으로 몰린 적도 있습니다. 심지어 제가 인도하는 수련회에 가면 담배 배우고 마약 배운다는 소리까지 들려왔습니다. 그런데 이상하게도 아이들은 계속 우리 교회로 몰려들었고 반대로 마약은 주변에서 자취를 감추기 시작했어요. 그러나 그것은 당연한 일입니다. 실수요자가 현격히 줄어들었기 때문입니다. 담배를 하루 네 갑씩 피우던 아이도 수련회에 왔다고 잠시나마 꾹 잘 참았는데, 담배를 준다니 좋아하는 것은 당연합니다. 맨 처음 교회에 나올 때부터 예수님을 잘 아는 사람이 있습니까? 없습니다. 목사가 뭔지도 모르는데 담배도 주니까 또 피웁니다.

그런데 기억하십시오. 100명 모이는 청소년 집회에서 하룻밤 사이에 20명이 변화된다는 것을 말입니다. 이튿날 다시 20명이 변화되고 4박5일간에 100명 중 90명에서 95명이 변화됩니다. 청소년들은 자신과 마음이 통하고 자신을 이해하고 자기를 사랑한다고 느끼면 그냥 신뢰해버립니다. 어떤 사람이 우리를 위해 죽었다고 하면 진짜 죽은 줄 알고, 살았다고 하면 진짜 살아난 줄 압니다. 그렇지만 이미 어른이 된 사람의 반응은 전혀 다릅니다.

"죽기는 누가 죽느냐?"

쉽게 믿지 않습니다. 그만큼 변화되기 어렵습니다. 청소년들은 그러면서 예수님을 만납니다. 청소년기에는 모든 삶이 다 변화합니다. 아침저녁으로 몸과 마음과 생각이 매일매일 변하고 있습니다. 더욱이 그 시기의 아이들은 인생에서 가장 중요한 것이 무엇인지 추구합니다. 그럴 때 신앙이 들어가면 딱 맞아떨어지는 거예요. 그만큼 중고등부 예배가 장년예배보다 중요합니다. 이 원리를 깨달아야 교회학교가 살아난다는 것을 믿으시기 바랍니다.

잊지 못할 수련회

그렇게 하루 네 차례 담배를 피워도 좋다고 허락한 첫날, 하루 담배 네 갑 피우던 그 아이가 당장 예수님을 믿고 회개했습니다. 그런데 그 회개는 꿇어앉아 눈물 뚝뚝 흘리면서 죄송하다고만 고백하는 그런 회개가 아니었습니다. 그 아이는 벽이며 땅에다가 머리를 박아가며 회개했고 멍이 들고 피가 날 정도로 기도했습니다.

저는 집회 마지막 날, 기도하지 않던 마지막 한 아이까지 전부 기도해야 집회를 마치곤 하는 버릇이 있습니다. 기도할 수 있도록 안수기도도 해줍니다. 아이들은 대개 목숨 걸고 기도해주는 모습에 마음을 열고 복음을 받아들여서 변화됩니다.

다음 날 아침, 저는 전날 밤 극적으로 변화된 그 아이를 만났습니다. 너무 기쁜 나머지 아이를 불러다가 조용한 곳으로 가자고 했습니다.

"어서 와. 가자."

"어디요?"

"가자!"

"안 가요."

"왜 안 가?"

"저 이제 예수님 믿어요."

"나도 알아. 오늘 두 개비 줄게."

"안 가요. 안 피워요. 이제 전 그렇게 살지 않아요."

"아아 괜찮아, 괜찮아. 피워도 돼."

너무 갑자기 끊어버리면 떨림 증상이 나타날 수도 있고 그다지 좋지 않으니까 데리고 나가려고 한 것인데, 결과적으로 본의 아니게 목사는 담배 한 개비 피우라고 하고 아이는 안 피우겠다고 하는 이상한 장면이 연출되고 말았습니다.

그런데 제가 왜 아이들에게 담배를 주기 시작했는지 아십니까? 사역 초기에는 저도 담배를 일절 피우지 못하게 했습니다. 그러자 문제는 아이들이 화장실 뒤편에 숨어서 하나는 몰래 망을 보고, 하나는 뻐끔거리는 것이었어요. 그런데 그것은 인간의 모습이 아니었습니다. 저는 가슴이 아프고 눈물이 났습니다. 그래서 숨지 말라고 했어요. 저는 우리 아이들에게 우리는 서로 숨는 사이가 아니라고 말했습니다. 그 대신 제가 담배를 주겠다고 했고 그러니까 아이들이 울면서 말렸습니다. 그러면 목사님이 쫓겨난다는 것입니다. 아이들이 이렇게까지 나를 생각해주는지 저는 그때 처음 알았습니다.

둘째 날 밤까지 아이는 담배를 피우지 않았습니다. 집회를 하는데 아이 얼굴이 하얘졌습니다. 셋째 날이 되니까 손끝이 달달 떨리길래 제가 직접 데리고 나와 담배 한 개비를 피우라고, 괜찮다고 하는데도 안 피운다고 합니다. 우리의 아이들은 그렇게 믿음이 들어갈 수 있습니다. 우리 아이들의 믿음이 그렇게 깨끗합니다. 어른들은 그렇지 않습니다. 믿는다고 그러면서 담배 피우고, 술 마시고, 노래하고, 춤추고 다하지요.

처음에 담배를 피운다고 나온 아이들이 30명 정도 된다면 셋째 날로 접어들면 그 수가 4,5명으로 급격히 줄어듭니다. 그렇더라도 남은 아이들에게 뭐라고 말하지 않습니다. 절대 비교하지 않습니다. 다른 아이들과 마찬가지로 담배 피울 수 있도록 도와줍니다. 혹 수련회에서 은혜받지 못하고 간 아이가 있을지도 모릅니다. 하지만 제가 담뱃불을 붙여주었는데 그 수련회에서 예수님을 만나지 못한 아이는 지금까지 한 명도 없었습니다. 담배는 부모가 승부수를 던질 만큼 중요한 것이 아닙니다. 예수님만 만나면 다 해결되는 부수적인 문제입니다. 그런데 부모는 거기다가 목숨을 겁니다. 그리고 아이들을 잃어버립니다.

3일째 되던 날 아이들이 다같이 기도했습니다. 아이는 밤새 달달 떨었습니다. 그런데 그날 밤에 하나님께서 역사하시어 아이가 혈색을 되찾아 건강해졌습니다. 전혀 떨지 않았어요. 그 아이와 함께 집회에 참석한 아이들이 그 모습을 보고 하나님이 없다고 하겠습니까? 살아 계신 하나님을 경험한 그들은 어렵고 힘든 시련이 찾아올 때 그 수련회를 기억할 것입니다.

대자연과 우주의 하나님

저는 아이들을 데리고 자주 여행을 갑니다. 2002년에는 캐나다 벤쿠버에 다녀왔습니다. 우리는 록키산맥으로 비전 트립을 갔는데 그때 같이 갔던 여학생이 너무나 진지하게 눈물을 뚝뚝 흘리면서 제게 이렇게 물었습니다.

"예수님을 어떻게 믿어요? 사람이 어떻게 물 위를 걷나요? 어떻게 그걸 믿을 수 있어요? 저는 믿고 싶어도 안 믿어져요."

저는 그 아이를 보면서 안 믿고 싶은 게 아니라 믿고 싶은데 안 믿어지니까 안타까워하는 아이의 진심을 느꼈습니다. 저는 그 아이를 타일렀어요.

"그래, 네가 옳다! 믿어지는 사람이 미친놈이지! 그런데 그렇게 믿어지는 사람이 있단다. 미치는데 어떻게 하니?"

"어떻게 하면 미치는데요?"

"그건 나도 몰라. 그런데 하나님이 널 만나주시면 모든 문제가 해결될 거야. 이렇게 기도하려무나. '하나님, 저 좀 만나주세요' 라고. 자연을 보면서 하나님을 한번 찾아봐."

우리는 그곳 자연을 보고 매일 밤 많은 이야기를 나누었습니다. 마지막 날 그 아이는 마치 결론을 내리듯이 이렇게 말했습니다.

"이렇게 아름다운 자연을 말씀으로 창조하신 하나님을 보고도 믿지 못하는 것은 인간도 아니에요!"

비로소 신앙이 생기기 시작한 그 아이의 인생은 변화할 것입니다. 패턴이 변하고, 생각이 변하고, 삶으로 드러나는 모습이 변할 것입니다. 근본적으로 인생을 변화시킬 수 있는 것은 하나님을 만나서 그 속에 말씀이 들어가는 길밖에 없습니다. 우리 자녀를 변화시키고 세상에서 온전케 심을 수 있는 다른 방법은 없습니다.

우리는 예수를 믿는 사람들입니다. 이 세상을 믿지 않고 자신도 믿지 않습니다. 예수님만 믿는 것입니다. 하나님의 말씀대로 가르치고 기도로 세우는 하나님의 사람의 온전한 가정이 회복되어야 합니다. 그러나 우리 가운데 여전히 우리 아이들을 세상적으로 가르치는 그리스도인, 대학 진학을 목표로 세상 교육에 열을 올리는 그리스도인이 있다는 것이 너무나 안타깝습니다. 설령 대학에 떨어져서 재수를 한다고 해도, 그 일을 계기로 하나님의 사람으로 온전케 되기만 한다면 괜찮아요. 하나님이 사용하시면 됩니다. 그런데 정작 우리는 그것을 믿지 못하고 있다는 것입니다.

동행하는 의리도 중요하다

"믿음보다 더 중요한 것이 의리다!"

저는 이렇게 가르칩니다.

"목사님은 정말 목사님 같지 않아요."

저는 이 말을 좋게 받아들입니다. 목사님들은 지나치게 목사님답다고 느껴져 거리감이 드는데 저는 늘 곁에 있는 것처럼 친근하다는 말로 여기기 때문입니다. 저는 새벽기도 끝나고 아이들이 막 은혜받았을 때 이렇게 말합니다.

"조조할인 영화 보러 가자! 은혜받았을 때 그 은혜를 이어가야 한다."

제가 아이들에게 강조하는 것이 있습니다.

"대학에 들어가서 술자리에 앉게 될 경우 술은 절대로 마시지 말되 깽판은 놓지 말라."

크리스천들이 그것을 못합니다. "저는 술 안 먹습니다. 술 먹으면 지옥 갑니다" 이런 말로 순식간에 좌중의 분위기를 가라앉히기 일

쑥입니다. 그러지 말고 회식 자리에 열심히 따라가서 그들을 섬기십시오. 다들 폭탄주 만들어서 마실 때 옆에서 폭탄음료 만들어서 마시면 됩니다. 그러면 사람들이 그런 우리의 모습을 보고 '아, 예수 믿는 사람이란 저런 모습이구나!' 라고 배우게 됩니다. 반대로 한껏 흥이 난 사람들 앞에서 분위기를 망치면 그들은 오기가 발동하여 끝까지 먹이려고 할 것입니다. 먹느니 안 먹느니 하며 그런 장소에서 순교의 마음을 먹을 필요는 없습니다. 좀 더 넓은 마음으로 그들을 대한다면 그리스도인이 무언가 다르다는 것을 표현할 수 있을 것입니다.

열혈랭크 목사의 신본주의 자녀교육법 10

1. 내 자식 이기주의에서 벗어나 남의 자식도 챙겨주는 부모가 되라.

부모가 교회에서 자기 자식만 챙기고, 자기 자녀만 먹이는 모습은 삼가야 한다. 남의 자녀와도 함께 기도하고, 뒹굴고, 땀을 흘려라. 운동도 끼리끼리 모여서만 하지 말고 다같이 할 수 있는 것을 하라. 교회를 생각할 때에 언제나 하나님의 사랑과 다른 부모들의 사랑이 함께 떠오르고 느껴지도록 하라. 그래서 교회의 어른들은 교회에 나오는 모든 아이들의 부모가 되어주어야 한다.

2. 교회는 아이들의 상처를 치유해주는 곳이 되어야 한다.

세상에서 길 잃고 방황하는 아이들은 교회로 모여들어야 한다. 그들의 시린 가슴을 학교가 보듬지 못해도 교회는 품어줄 수 있어야 한다. 교회는 그 아이들의 상처를 치유하는 곳이 되어야 한다. 어떻게 치유해주어야 하는가? 사랑하면 된다. 내적 치유는 사랑으로 시작해서 사랑으로 끝이 난다. 주님의 사랑을 대변해주는 사랑으로 아이들의 상처를 치료하라.

3. 세상 표준을 거부하는 부모가 되라.

우리는 예수 믿는 사람이다. 이 세상을 믿지 않고 자신도 믿지 않고 오직 예수만 믿는다. 그리하여 대학 진학만을 목표로 하고, 입신양명만을 목표로 삼는 세상적인 교육방식은 단연코 거부한다. 설령 자녀가 대학 입시에 낙방해 재수를 한다 해도, 그 일을 계기로 하나님의 사람으로 온전케 되는 일에 열중하도록 한다. 하나님 중심으로 교육받은 자녀는 그 장래가 시냇가에 심은 나무처럼 될 줄로 믿는다.

11장 자식의 미래는 부모의 기도에 달려 있다

저는 "자녀를 위하여 간절한 마음으로 기도해야 하는 것은 가정의 제사장인 아버지로서의 당연한 의무이며 기도하지 않는 부모는 부모의 역할을 다하지 못하는 것" 이라는 사실을 깨달았습니다.

눈물의 무릎

주님의교회에 부임한 뒤 청소년 수련회를 다녀오고, 교육부 교역자들과 만나면서 바쁜 나날을 보내는 동안 학부모와의 만남과 훈련을 어떻게 진행해야 하는지 고민하던 중 토요일 오전 10시에 기도회를 갖기로 결정하고 그 기도회에 'PTP' 라는 이름을 붙였습니다. PTP는 'Parent-Teacher Prayer' 의 약자입니다. 학부모님들과 주일학교 교사들이 함께 나와 기도하는 모임이 되기를 희망하는 취지에서 PTP를 시작한 것입니다.

토요일 오전 10시는 직장생활을 하시는 분들도 많아 모이기 어려운 시간이라는 많은 분들의 걱정을 뒤로 하고 2005년 3월 19일 토요일, 첫 모임을 가졌습니다. 우려와 달리 약 70여 명의 학부모님들이 오셔서 함께 기도하는 시간을 가졌습니다. 우리는 자녀들을 향한 우리의 마음이 하나님을 향한 우리의 마음보다 앞서지 않기를 위해 기도하며 눈물로 회개하기 시작했습니다.

입에서 입으로 전달되는 학부모님들의 간증으로 가을 학기에는 평균 200~250명의 학부모님들이 참석하는 기도회로 부흥하게 되었습니다. 봄 학기와 가을 학기로 진행되는 PTP는 봄 학기의 '믿음의 열조들에게 배우는 자녀교육' 과 가을 학기의 '예수님을 만난 사람들' 이라는 주제 아래 지금의 자녀들을 대하는 우리의 모습에서 우리가 얼마나 자신의 욕심과 세상적인 가치관 속에서 자녀교육을 하고 있는지 깊이 생각하는 시간을 가졌습니다.

성경적인 자녀교육은 대학에 보낸 뒤에나 하는 것처럼 그리고 좋은 대학에 가는 것만이 하나님께서 복 주신 것처럼 잘못 생각하는 우리의 모습 속에서 부모님들의 기도는 회개의 기도로 눈물이 있는 예배로 이어졌습니다. 저는 1학기 종강 때 손수건을 제작하여 모두에게 나눠 드렸습니다. 누구든지 눈물 없이는 이 예배를 드리지 못할 것이라는 어떤 부모님의 말씀이 떠올라 실행해본 아이디어였습니다.

하나님이 주신 은혜 PTP

PTP는 아주 심플하게 진행됩니다. 먼저 와서 차를 끓이고 준비하시는 준비팀의 섬김, 교육부 교역자들이 돌아가며 찬양을 인도하고 제가 강해설교를 하고 난 다음 함께 기도하는 시간을 갖는 순서입니다. 자녀의 또래 부모님들과 함께 소그룹으로 모여 나누었던 것도 좋은 시간이 되었습니다. 하지만 PTP가 지금까지 부흥하며 뜨겁게 모일 수 있었던 것은 내 안에 있는 자녀의 자리가 하나님의 자리까지 침범하는 잘못된 모습을 깨고 하나님만 붙잡는 모습으로 변화되어 다시 붙잡은 기도의 줄을 통해 얻은 기쁨과 은혜가 있었기 때문입니다. 매주 말씀을 준비하며 가슴이 뜨거워졌던 이유도 하나님께서 매주 부어주시는 은혜가 놀라웠기 때문입니다. 하나님께서는 그렇게 우리를 만져가고 계셨습니다.

부모님들도 자녀를 키우면서 온갖 한계를 느끼며 자녀들의 말과 행동 속에 많은 상처를 받고 살아갑니다. 자녀만 부모의 잘못으로 상처받는 것이 아니라 부모도 많은 상처 속에 지쳐갑니다. 서로 사랑하는 자녀와 부모의 관계가 '공부'와 '이 세상의 성공'이라는 두 단어 속에 매몰되면서 사랑보다 더 앞서 표현되다보니 서로 많은 고통을 겪게 된 것입니다. 이때 우리 교회에 하나님께서 주신 은혜가 PTP입니다. 하나님께서는 하나님의 말씀으로 돌아가 하나님의 은혜 속에 거하며 찬양으로 마음을 만져주시는 하나님을 경험하고 말씀으로 성령께서 깨우쳐주시는 은혜를 체험하고 기도로 예수 그리스도의 이름으로 승리하는 기쁨을 허락하여주셨습니다. 타 교회의 성도들까지 참석하게 되면서 PTP는 자녀를 키우는 부모라면 누구나 참여할 수 있는 귀한 시간이 되었습니다.

예수를 믿는다고 하면서도 자녀를 교육할 때는 예수보다 학원이, 신앙보다는 성적이 우선되는 모습을 보면서, 자녀들이 신앙을 얼마나 대수롭지 않은 것으로 치부하는지 그러한 태도를 현장에서 느낄 수 있습니다. 자녀는 부모를 보며 배웁니다. 어느 누구보다 더 부모는 자녀들에게 엄청난 영향을 주며 살아갑니다. 교회에서 직분을 가지고 신앙생활 하는 부모의 입술에서 어떤 말이 나오고 어떤 말로 가르치느냐 하는 것은 자녀의 신앙에 매우 중요하게 작용합니다. 아주 기초적인 이 신앙의 모습을 PTP에서 함께 나누며 회개하는 것입니다.

무엇보다 하나님께서 우리에게 지금까지 얼마나 큰 은혜를 주셨는지, 어떠한 은혜로 우리를 이끌어주셨는지 다시 생각하고 깨닫는 시간을 갖기 원했습니다. 아주 기초적인 신앙의 모습이 무너지면 가정의 신앙이 무너집니다. 자녀는 우상이 될 수 없습니다. 아무리 말로 아니라고 해도 우리가 하나님보다 자녀를 우선하거나 남보다 잘되는 것만을 위하여 기도하고 가르친다면 그것은 잘못된 신앙입니다. PTP 시간은 이런 말씀을 나누면서 기도하는 시간입니다. 우리가 몰라서 못한 것보다 기도가 없어서 못했던 부분과 아직도 믿음이 없어서 하나님만을 붙잡지 못한 부분을 함께 나누며 서로 격려하는 시간입니다. 하나님께서는 우리에게 엄청난 은혜를 부어주셨습니다.

PTP에서 받은 은혜 1

자녀를 위한 애절한 기도는
내가 변화되는 시간이었습니다

이미영 집사

우스개 소리로 요즘 엄마들은 1번 자식, 2번 애완견, 3번 남편의 순으로 가족을 생각한다는 이야기가 있습니다. 우리는 집안의 위계질서조차 흔들 만큼 자식에 대한 열심이 하늘을 치솟는 시대에 살고 있습니다. 아이들을 향한 마음이 사랑인지 욕심인지 분별하기조차 힘이 듭니다. 자식을 향한 사랑과 욕심의 경계를 딱 부러지게 그을 수 있을까요? 나는 사랑이라고 생각하는데 욕심이라면 그 말도 맞는 것 같습니다. 아이들에게 잔소리만 하면 기죽이는 것 같고 잘한다고 하면 머리끝에 올라서니 참으로 난감하기만 합니다. 내가 가진 자녀교육에 대한 이론과 실제의 괴리감으로 혹 내 자녀가 잘못될까 두려운 마음마저 갖게 됩니다.

이런 혼돈을 느끼던 차에 부모와 교사를 위해 열린 기도회 모임에 참석하게 되었습니다. 매주 토요일 오전, 기도회에 참석하시는 많은 학부모의 모습 속에서 다른 사람이 아닌 내 모습을 보게 되어 마음이 애잔합니다.

아마 이 자리에 모이는 모든 부모의 마음이 동일하리라 생각합니다. 찬양으로 시작하는 기도 모임은 그 찬양 속에서 이미 많은 은혜가 넘칩니다. 안타까움이 배인 홍민기 목사님의 열정적인 매주 설교 또한 메마른 땅에 내려주시는 단비와 같습니다.

지난 학기 '믿음의 열조들에게 배우는 자녀교육'과 이번 '예수님을 만난 사람들'이라는 주제를 통해 우리는 매주 놀라운 발견과 아름다운 만남과 위로를 받고 있습니다. 하나님을 알고 믿는다는 우리가 하나님이 주신 우리의 자녀를, 염려와 근심과 교만과 반복되는 삶의 실망감 가운데 양육하고 있다는 사실을 깨닫고 뜨거운 회개의 눈물을 흘리고 있습니다. 우리를 위해 자기 아들을 주신 하나님의 사랑, 아버지의 뜻을 알고 순종하신 예수님의 사랑, 탄식하며 우리를 위해 기도하시는 성령님의 사랑, 그 삼위일체 하나님을 우리가 매일의 삶 속에서 만나야 할 이유를 새삼 깨닫고 있습니다.

무한하신 하나님의 능력을 믿고 말씀을 묵상하며 기도하는 것은 뻔뻔함이 아니라 하나님의 크신 사랑에 온전히 의지하는 담대함임을 깨닫습니다. 자식을 위해 드리는 애절한 기도는 오히려 나를 정결케 순화시키는 시간이며, 하나님의 능력을 기대하는 온전한 믿음으로 들어가는 시간임을 깨닫습니다. 하나님께서 내 아이와 동행하셔서 내 아이가 가는 그곳이 하나님 때문에 좋은 곳이기를 믿음으로 기도드립니다.

PTP에서 받은 은혜 2

자녀는 하나님 소유임을 알았습니다
이진걸 집사

금년 봄에 제가 근무하고 있는 직장의 선교회에서 토요일 가족동반 야외예배를 드리기로 하여 아내에게 함께 참석하도록 권유한 적이 있었습니다. 아내는 토요일은 PTP기도모임이 너무 은혜스러워 빠지고 싶지 않다고 하여 혼자 야외예배에 참석하였습니다.

그 당시에는 솔직히 아내에게 조금 섭섭한 마음이 있었습니다. 왜냐하면 제가 직장선교회의 임원을 맡고 있고 회원들에게도 가족과 함께 참석하라고 해놓고 막상 저는 혼자 참석하기가 조금은 계면쩍었기 때문입니다. 그렇지만 저는 아내의 선택권을 존중하여 아무런 내색도 하지 않고 혼자 야외예배에 참석하였습니다.

그후 아내는 저에게 매주 토요일에 드리는 PTP 학부모 기도모임에 함께 참석할 것을 권면하였습니다. 저는 아내의 요청을 흔쾌히 받아들여 특별한 일이 없는 한 매주 기도모임에 참여하고 있으며 이전에 아내가 왜 야외예배에 함께 가지 않았는지 그 이유를 충분히 이해하게 되었습니다.

저는 사랑하는 아내와 고교 2학년인 아들과 한 가정을 이루며 살고 있습니다. 지금까지 제 아들은 제가 특별히 신경 쓰지 않아도 교회생활을 즐거워하고, 학업에도 열심이며, 학교생활에 잘 적응하고 있어서 특별히 이런 학부모 기도모임에 나가지 않아도 별 문제가 없을 것으로 생각하여 기도모임에 큰 의미를 부여하지는 않았습니다.

그러나 그것은 교만하고 부족한 저의 착각이었습니다. 홍민기 목사님의 설교를 통하여 저는 "자녀를 위하여 간절한 마음으로 기도해야 하는 것은 가정의 제사장인 아버지로서의 당연한 의무이며 기도하지 않는 부모는 부모의 역할을 다하지 못하는 것"이라는 사실을 깨달았습니다. 물론 지금까지 때때로 아들을 위해 기도하기는 했지만 PTP기도모임에서처럼 눈물을 흘리며 간절하게 기도해본 적은 별로 없었던 것 같습니다.

저는 자녀를 선물로 주신 하나님의 은혜에 한없이 감사하며 비록 자녀가 현재 여러 가지 부족한 점이 있다고 하더라도 하나님께서 생명 주심을 감사하며 구원의 소망 속에서 최선을 다하는 삶을 살도록 지도해야 한다는 것을 깨달았습니다.

특별히 홍민기 목사님께서 여러 번 강조하신 말씀 중 우리 교회가 청소년사역에 매진하고 부모와 교사들이 우리 자녀들을 위하여 눈물 흘리며 간절히 기도하고 바른 목표를 설정하여 지도해나가면 우리 자녀들이 이 나라의 주춧돌이 되고 대한민국의 굳건한 버팀목이 되는 인재들로 성장할 것을 확신한다는 강력한 메시지는 반드시 실현될 것이라고 믿습니다.

　목사님과 전도사님의 은혜와 사랑이 넘치는 찬양 인도와 모임에 참석한 분들의 가슴속 깊은 곳으로부터 우러나오는 찬양을 통하여 마음이 뜨거워지고, 뜨거워진 마음으로 말씀을 듣고 우리 자녀들을 위하여 기도하는 이 시간은 참으로 귀한 시간입니다.

　우리 아이들은 부모의 말과 행동을 듣고 보고 본받으며 성장해나간다는 목사님의 말씀을 듣고 다시 한번 나 자신을 돌아보게 됩니다. 내가 우리 아들이 본받을 만한 아버지의 모습을 갖추었는가, 과연 내가 살아가는 모습이 아이에게 어떻게 투영되고 있는가를 생각해보면 부끄러운 나의 모습을 숨기고 싶을 때가 많습니다. 말로는 삶의 우선순위를 하나님께 두고 말씀을 따라 행해야 한다고 하면서도 실제 나의 생활은 그렇지 못한 모습이었음을 기도시간을 통해 회개할 수밖에 없었습니다.

　하나님 아버지께서 우리를 사랑하시는 것과 같이 우리가 자녀를 사랑해야 한다는 것을 느꼈고 질책과 책망보다는 격려와 사랑으로 자녀를 인도하여 나가는 것이 중요하다는 것을 다시 한번 깨달았습니다.

　하나님께서 선물로 주신 자녀는 부모의 소유물이 아니며 하나님께로부터 양육을 위탁받은 것이니 자녀들이 바르게 성장하도록, 그들이 인생의 도상에서 바르고 정직한 선택을 할 수 있도록, 하나님께서 원하시고 기뻐하시는 삶을 살 수 있도록 항상 기도하며 모든 것을 전적으로 하나님께 의지하며 살아가야겠다는 새로운 결심도 하게 되었습니다. 부모와 자녀의 삶의 주인은 주님이시니 삶의 운전대를 주님께 맡기고, 생각의 주파수를 하나님께 맞추어가며 하나님의 나라와 그 의를 먼저 구하는 가정을 가꾸어 나가는 것이 온전히 부모의 책임이요, 의무라는 사실을 깨달았습니다.

이 세상은 기쁘고 즐거운 일보다는 삶의 무게 때문에 슬프고 괴로울 때가 더 많은 것 같습니다. 특별히 자녀문제 때문에 고민하고 고통받는 많은 부모들의 모습을 보면서 어떠한 순간에도 좋은 것으로 채워주시는 하나님을 바라보며 나에게 생명줄을 던져주신 주님과 같이 나도 내 자녀 그리고 이웃의 자녀들을 위하여 노력하리라 다짐해봅니다.

PTP에서 받은 은혜 3

세상적인 가치관을
바로잡아주는 시간이었습니다

박윤정 집사

지난 봄, 같은 구역 집사님들이 PTP에 가자고 했을 때, 사실 큰 기대는 없었습니다.

아이들을 키우는 일이 너무나 벅차고 힘들었던지라 자녀교육에 대해 책도 이미 많이 읽어보았고, 강좌에도 여러 번 참석해본 경험이 있었기 때문입니다. 머리로는 잘 알면서도 변화되지 않는 제 자신이 싫었지요. PTP 역시 자녀교육에 관한 지식 하나 더 얻는 시간 정도려니 생각했습니다.

그러던 제가 PTP에 나온 후 아주 더디긴 하지만, 조금씩 달라지는 제 모습을 발견하게 되었습니다. 그래서 PTP에 어떤 능력이 있는 걸까 생각해 보게 되었습니다.

먼저, PTP에는 아름다운 섬김이 있었습니다.

따끈한 차와 맛있는 간식으로 참석자들을 챙기시는 권사님들, 집사님들의 푸근한 섬김, 그리고 어린아이들을 데려온 엄마들이 PTP에 집중할 수 있도록 사랑으로 돌보아주시는 전도사님들의 숨은 섬김이 있어서 PTP는 참으로 따뜻합니다.

기도회의 처음 순서인 찬양 시간은 전도사님들의 진솔하고, 은혜로운 인도에 맞춰 찬양하는 사이 마음은 벌써 뜨거워집니다. 그 위에 우리의 세상적인 가치관을 바로잡아주시며, 예수님이 누구신지, 정말로 우리가 붙들어야 할 것이 무엇인지, 십자가의 감격이 어떤 것인지 알려주시는 홍민기 목사님의 열정적인 말씀을 통해 깨달음과 회개와 기쁨이 넘칩니다.

그리고 오늘 받은 말씀과 은혜를 붙들고 내가 회복되고, 우리 자녀들을 하나님의 뜻대로 키우기로 다짐하며 부르짖는 뜨거운 기도로 PTP는 절정에 이릅니다.

또 내 자녀 또래의 엄마들과 만나 고민을 나누고, 친교를 다지는 교제를 통해 PTP는 더욱 풍성해집니다. 이렇게 PTP에는 섬김, 찬양, 말씀, 기도 그리고 교제가 완벽히 조화를 이루고 있기 때문에, 저같이 변하기 어려운 사람도 변화시키는 능력이 있습니다.

이 은혜의 자리에서 제가 먼저 회복되다 보니, 아이들을 바라보는 제 마음이 훨씬 더 여유로워지고, 편안해졌습니다.

"와 보라" 하신 예수님의 말씀대로 이 변화의 감격을 많은 분들과 함께 나누고 싶습니다.

열혈랭크 목사의
신본주의 자녀교육법 11

1. 자녀 우상숭배를 거부하고 하나님만 붙잡으라.

가정의 기초 신앙이 무너지면 가정이 무너질 수밖에 없다. 우리 가정에서 하나님이 우선인지 자식이 우선인지 돌아보라. 자녀가 우상이 되면 가정의 영적 기초는 흔들릴 수밖에 없다. 아무리 말로는 아니라고 해도 부모가 하나님보다 자녀를 우선하고 자녀의 세상적인 출세만을 위하여 기도하고 가르친다면, 그 가정의 자녀교육은 하나님 앞에서 성공할 수 없다.

2. 자녀를 위해 기도할 때에 부모가 변화된다.

자식을 위한 간절한 기도는 부모의 영혼을 순결케 순화시키며, 하나님의 능력을 기대하는 가운데 온전한 믿음으로 다듬어진다. 자녀에게 잔소리할 시간에 기도하라. 자녀 때문에 염려하고 근심할 시간에 자녀의 모든 문제를 하나님께 맡기고 기도하라. 능력의 하나님께서 해결해주실 것이다. 하나님을 믿고 기도하라.

3. 자식은 부모의 소유가 아니라 하나님의 소유이다.

하나님께서 선물로 주신 자녀는 부모의 소유가 아니다. 하나님께로부터 양육을 위탁받았으므로 부모 뜻대로 키울 것이 아니라 하나님의 뜻대로 키워야 마땅하다. 부모와 자녀의 삶의 주인은 주님이시므로 삶의 운전대를 주님께 맡기고, 생각의 주파수를 주님께 맞추어 하나님의 나라와 그 의(義)를 먼저 구하도록 가정을 가꾸어 나가는 것이 부모의 거룩한 책무이다.

자녀교육에 왕도가 있다

초판 1쇄 발행	2006년 2월 10일
초판 11쇄 발행	2014년 7월 15일

지은이	홍민기
펴낸이	여진구
편집국장	김응국
편집장	김아진
기획·홍보	이한민
책임편집	안수경 | 오은미, 박혜련, 이소현, 최지설
책임디자인	이혜영 | 전보영, 양효은, 성수희, 서은진
해외저작권	최영오
마케팅	김상순, 강성민, 허병용
마케팅지원	최경식, 김소영, 윤세원, 김선규
제작	조영석, 정도봉
경영지원	김혜경, 김경희
이슬비전도학교	엄취선, 전우순, 최영배
이슬비암송학교	박정숙, 이지혜
이슬비장학회장	여운학
펴낸곳	규장

주소 137-893 서울시 서초구 양재2동·205 규장선교센터
전화 02)578-0003 팩스 02)578-7332
이메일 kyujang@kyujang.com 홈페이지 www.kyujang.com
트위터 twitter.com/_kyujang 페이스북 facebook.com/kyujangbook
등록일 1978.8.14. 제1-22

ⓒ 저자와의 협약 아래 인지는 생략되었습니다.
이 출판물은 저작권법에 의해 보호를 받는 저작물이므로 무단 전재와 무단 복제를 할 수 없습니다.

책값 뒤표지에 있습니다.
ISBN 89-7046-373-9 03230

규 | 장 | 수 | 칙

1. 기도로 기획하고 기도로 제작한다.
2. 오직 그리스도의 성품을 사모하는 독자가 원하고 필요로 하는 책만을 출판한다.
3. 한 활자 한 문장에 온 정성을 쏟는다.
4. 성실과 정확을 생명으로 삼고 일한다.
5. 긍정적이며 적극적인 신앙과 신행일치의 안내자의 사명을 다한다.
6. 충고와 조언을 항상 감사로 경청한다.
7. 지상목표는 문서선교에 있다.

하나님을 사랑하는 자 곧 그 뜻대로 부르심을 입은 자들에게는 모든 것이 합력하여 선을 이루느니라(롬 8:28)

규장은 문서를 통해 복음전파와 신앙교육에 주력하는 국제적 출판사들의 협의체인 복음주의출판협회(E.C.P.A:Evangelical Christian Publishers Association)의 출판정신에 동참하는 회원(Associate Member)입니다.